通訳になりたい！

——ゼロからめざせる10の道

松下佳世 著

岩波ジュニア新書　830

はじめに

「通訳に興味があります。どうしたらなれますか?」

東京オリンピックの影響もあり、最近、身の回りや、インターネットの掲示板などで、このような質問に出あう機会が増えてきた気がします。非常にシンプルな質問なのですが、実は答えるのが難しい。なぜなら、通訳者になるのに、唯一絶対の方法はないからです。仮に、大学で通訳を学んだとしても(それ自体、日本においてはまれなことですが)、新卒者を通訳として採用してくれる企業は少ない。そもそも、通訳者の多くはフリーランスの個人事業主ですから、一般的な「就職活動」をして職が得られるわけでもない。さらに、通訳者として仕事を請《う》け負うためには、通常、それまでの通訳実績を示す必要があるので、もともと未経験者には参入が難しい。簡単に「こうすればなれる」という道がないのが、日本における通訳業界の現状です。

「それでも私は、通訳になりたいんです！」

そういう多くの声に応《こた》えたいと思ったのが、この本を書いた理由です。通訳者に確実になれる方法はない。でも、現在活躍している通訳者たちが、どのようにしていまの仕事を得るに至ったのか、一人ひとりの歩みを描くことで、通訳に関心を持った皆さんの参考にしていただけるのではないかと考えました。この本には、会議通訳やビジネス通訳といった、比較的ニーズも、通訳者の数も多い分野だけでなく、司法通訳や医療通訳といった、これからますます需要が高まるであろうものも含めて、一〇のジャンルが取り上げられています。それぞれのジャンルで活躍している一〇人のライフストーリーを読むことで、皆さんのいろんな疑問に対する答えが見つかればと願っています。

私自身も少々変わった道のりを経て、通訳の仕事にたどり着きました。大学ではジャーナリズムを専攻し、卒業後は新聞社に入社。国内外で一四年間、新聞記者として働きました。会社勤めが長くなるにつれ、定年のない、息の長いキャリアに心惹かれるようになりましたが、語学力を生かしてコミュニケーションを仲介する「通訳」という仕事に具体的な興味を持ったのは、三〇歳をすぎてから。当時の私もどうしたら通訳者になれるのか分からず、手あたり次第、情報をかき集めました。

会社帰りに週二回、民間の通訳学校に通うところからはじめて、遅まきながら通訳者デビューを果たしたころには、三〇代半ばを過ぎていました。この本に登場する方々のように、通訳と一口に言っても、いろんなジャンルやなり方があると知ったのは、プロとして仕事をするようになってしばらくしてからのことです。

その意味で、この本は、当時の私に向けて書いた本とも言えます。あのころの私が最もほしかった情報を詰め込みました。転職希望者だけでなく、将来の進路に悩む中高生や大学生から、子育てを終えた主婦の方、定年後の第二の人生を模索している先輩方まで、通訳という仕事に興味があるすべての人を対象に、仕事の中身と、なるための道筋を紹介する内容になっています。いま、かつての私と同じように、答えを探して本屋に立ち寄り、この本を手に取った皆さんが、この出あいを通じて、具体的な一歩を踏み出すきっかけを得ていただければ、なによりの喜びです。

目　次

目　次

エンターテインメント通訳▼▼▼

「制作の裏話を聞けるのが楽しくて仕方がない」

映画・演劇の通訳を三〇年続けている

鈴木《すずき》小百合《さゆり》さん

Interpreter ● Sayuri Suzuki

エンターテインメント通訳

ハリウッドの大作映画の公開が近づくと、マスコミがこぞって監督や主要キャストのインタビューを組み、数日間で一気に露出が増えるのを目にしたことがある人は多いだろう。大スターの場合、専用機で日本入りし、二四時間未満で飛び立つということもざらにある。その間、テレビ、インターネット・メディア、新聞、雑誌などが一斉に申し込むインタビューを分刻みでさばき、時にはカメラの前に姿をさらして記者会見をこなすのが、エンターテインメント通訳の仕事だ。

鈴木小百合さんはこの道三〇年のベテラン。二〇一五年、一〇年ぶりに続編が公開された「スター・ウォーズ」のプロモーションでは、主演のデイジー・リドリーや、J・J・エイブラムス監督の通訳を担当した。

「封切まで内容は一切明かせないことになっていたので、記者さんに質問されても「見てのお楽しみです」としか言えなくて。ちょっと気の毒でしたね」

もともと大の映画好き。国際基督教大学在学中は、授業を週三日に収まるように調整し、残りの日は映画館で一日中映画を鑑賞していた。黒澤明《くろさわあきら》監督作品のような邦画の名作から、フランスやイタリアなどヨーロッパの作品まで、年間二五〇本ほどを観た。卒業論文では、山田洋二監督の「男はつらいよ」シリーズの主人公、「フーテンの寅」のコミュニケーションの取り方を考察するほど、映画漬けの学生時代だった。

卒業後は広告代理店に就職したが、忙しくて休みが取れなかったため、二年で退社。その後しばらくは、八歳から一四歳までを過ごしたオーストラリアのほか、ニュージーランド、アメリカなどを旅行して回った。そのうち貯金が尽きて帰国。仕事を探していたところ、大学の先輩から舞台の通訳の仕事を紹介された。大学の授業で通訳を学び、通訳のアルバイトをした経験もあったので、なんとかなるだろうと思い、引き受けた。

「二か月くらいの長丁場だったので、プロのバリバリの通訳者というよりは、学生でもいいから誰か空いているやついないか、という気軽な感じだったんですね。ちょうどお金もなくて働き口を探していたので、渡りに船でした」

担当した舞台は、日本人の有名タレントが主演を務めるマジックショー。ラスベガスから招いたマジシャンが、日本人の出演者にマジックを教える際の通訳が仕事だった。八〇年代に差し掛かろうとする景気のいい時代。舞台上では、人間が消えて象が出てきたり、オートバイが瞬間移動したりと、とにかく大掛かりで華やかなショーだった。はじめての体験ばかりだったが夢中でがんばり、その仕事ぶりがプロデューサーの目に止まって、今度は東宝のミュージカルに声がかかった。

「高校時代から演劇部に所属していたほどの演劇好きだったので、舞台裏で、スタッフの一員としてゼロから作品を作り上げることにとても惹かれました」

外国から演出家を呼んで、日本人の舞台を作るというのがちょうど流行《はや》り出したころで、最初に「ラ・マンチャの男」、ほどなくして「ファニー・ガール」を担当した。

舞台上の華やかさに目を奪われがちだが、けいこの現場では、いいものを作り上げようと思うあまり、意見の対立や衝突が起きることが頻繁《ひんぱん》にある。ある舞台では、日本人の演出家とアメリカ人の振付師が大喧嘩《おおげんか》し、「もう国に帰る!」「帰れ、帰れ!」と険悪な雰囲気になった。

「私もまだ駆け出しだったので、そういう状況でどうしたらいいのかも分からなくて、とにかく聞いたことをそのまま全部訳していたんです。怒った振付師がホテルに引き上げてしまって、私も仕事がないので帰っていいと言われ、なにか悪いことをしたのではないかと落ち込みました」

翌日、電話で呼び出されて楽屋口の喫茶店に出向くと、当の二人が向かい合って座っていて、仲直りするために通訳をしてほしいと頼まれた。お互いに、「昨日は言い過ぎた」「いえ、こちらこそ」というようなやりとりを訳して、二人が無事握手を交わしたあと、日本人の演出家が気まずそうにしながらも、ぼそっと言ってくれた。

「ちゃんと訳してくれてありがとう。君は心が訳せる通訳だ」

この言葉が支えとなって、その後は、当事者の感情が爆発するような場面でも、気持ちを汲み取って冷静に訳せるようになった。

このころは舞台が中心の生活で、一か月のけいこが終わると、次の仕事がまた一か月という具合に、新しい仕事がどんどんと決まっていった。この間に、「レ・ミゼラブル」や「ミス・サイゴン」といった東宝の大型ミュージカルにもかかわり、劇団四季の「オペラ座の怪人」を担当するなど、仕事の幅も、規模も、膨《ふく》らんでいった。

映画の仕事に携わるようになったのは、八〇年代の終わりごろ。先輩の通訳者から、はじまって間もなかった「東京国際映画祭」の仕事の声がかかった。映画祭に合わせて大勢の外国人ゲストが来日するため、通訳者が足りないからというのが理由だった。映画祭が終わってまもなく、配給会社から通訳を依頼されたのが、「旅する女 シャーリー・バレンタイン」というタイトルの、イギリスのコメディー映画。家庭のなかで居場所を見出せない中年の専業主婦が、ひょんなことから初の海外旅行でギリシャに行くという物語で、すでに結婚し、長男がいた鈴木さんに白羽の矢が立った。

「ほかの通訳の方は独身が多かったので、配給会社の宣伝部長に「あなたなら主人公の気持ちが分かるはず」と言われて。担当することになったいきさつも含めて、印象に残った仕事でした」

毎年開催される東京国際映画祭の仕事に継続的にかかわるようになったことで、映画業界にも存在を知られるようになった。徐々に映画関係の依頼が増えていき、いまでは仕事の大きな柱となっている。配給会社から指名で入る仕事が多く、忙しい時期は毎週のように、PRイベントや記者会見、個別取材などの通訳が入ってくるという。

映画の仕事の場合、最も大作が集中するのは夏休み。そのため、プロモーション活動が重なる六月から八月の頭にかけては、通訳者にとっても一年で最も忙しい時期となる。九月に一息ついた後、一〇月には東京国際映画祭がはじまり、一一月あたりから年末にかけて、お正月映画のプロモーションが活発化する。年が明けると再びいったん落ち着くが、春休みやゴールデンウィークに公開される作品もあり、すぐにまたプロモーションがはじまるというのが一年間の大まかな流れだ。

配給会社から通訳者に仕事の依頼が入るのは、対象者が来日する一、二か月前というのが一般的だが、急な場合は数日前に頼まれることもある。配給会社の期待に応《こた》えることが、その後の依頼にもつながるため、急な依頼でも、仕事以外の用事はなるべく調整をつけて仕事を受けるようにしている。ただ、先に引き受けてしまった仕事がある場合は、どんなに後から来た仕事が魅力的でも、基本的には先に受けた方を優先させる。そのため、ブラッド・ピットの通訳の依頼がはじめて来たときも、先約を優先して断った。

仕事を受注すると、事前に試写会で作品を観て、「プロダクションノート」と呼ばれる資料を受け取る。キャストやスタッフがこれまでにかかわった作品だけでなく、ロケ地や、制作に関する情報が盛り込まれている。それでも、質疑応答のなかで監督や役者が何を話すかは、実際に質問を受けてみないと分からない。以前は独自に情報を集めるのは難しかったが、最近はユーチューブなどで、担当する人の過去のインタビュー映像を探すことができる。来日前に、ほかの国ではどんな内容を話してきたのかを確認すると同時に、話し方に訛《なま》りや癖《くせ》があるかどうかも事前にチェックするようにしている。

「映画祭などでは、英語が母語ではない方の担当をすることも少なくありません。聞くときに注意するのはもちろんですが、自分が英語に訳すときも、イギリス英語を話す方なら少しブリティッシュ・アクセントにしたり、アメリカ系のときはアメリカンな発音にしたりと、工夫しています。一番楽なのは子ども時代を過ごしたオーストラリア出身の方。ヒュー・ジャックマンやラッセル・クロウ、ニコール・キッドマンと話していると、私も自然にオーストラリア訛りになっています」

発音以外に気を付けているのが、映画のプロモーションのために通訳しているのだ、という目的を忘れないことだ。来日している監督やキャストは、「一人でも多くの人に映画を観てほしい」という気持ちでアピールしに来ている。通訳も、事務的に淡々とこなすのではなく、彼らの「気持ち」を伝えることが求められる。とはいえ、鈴木さんの場合は、映画の制作秘話を聞くのが面白くて仕方がなく、自然と楽しげな笑顔になってしまうので、この点での苦労はないという。「むしろ、主人には、テレビに映ったときにちょっと笑いすぎだと注意されています(笑)」

複数の通訳者が登壇する舞台挨拶のような場面では、チームワークも大切だ。個別取材の場合は、通訳者もある程度自由に動いて、なるべく声を聞きやすい態勢を取ることができるが、舞台の上に一緒に上がるときは、担当する人の斜め後ろあたりに立つか、座るか、という位置取りになる。話し手は、自分の目の前のマイクに向かって話すため、後ろにいると、表情や口元が見えず、何を話しているのか、はっきり聞き取れないときがある。イヤーモニターを使って、マイクの音声を拾っていても、雑音が混じって聞こえないこともあり、そういう場合は通訳者同士、助け船を出したり、フォローしあったりといった協力が欠かせないという。

「映画業界は狭い世界なので、ほとんどの通訳者が顔見知りで、お互いの癖も知っています。一緒に舞台に上がるときは、連係プレーというか、チームワークを大切にしています」。会見などでよく一緒になる字幕翻訳者の戸田奈津子《とだなつこ》さんとは、二五年以上のつきあい。映画のプロモーションで地方に出張に行った折などは、食事を共にしつつ、映画談議に花を咲かせているそうだ。

エンターテインメント通訳に特有の難しさとしては、「作品の原題と邦題がまるっきり違う場合」を挙げる。例えば、日本でも大ヒットしたディズニー映画「アナと雪の女王」も、原題は、「凍り付いた」という意味の英語「Frozen」のひとことだけ。それでも、最近のヒット作であれば分かるが、大昔の作品だったり、突然作品名が出てきたりした場合は、とっさに適訳が思い浮かばないこともある。困ったときは、とりあえず聞いたままのタイトルを言って、後で調べて補うなどの工夫をしているという。

一方、これまでたくさんの作品を見てきたからこそ出せた訳もある。スティーブン・スピルバーグ監督が、「シュレック」の記者会見で、突然「ローゼンクランツとギルデンスターンは死んだ」と言いだした。シェイクスピアの「ハムレット」の脇役を主人公に据えた、トム・ストッパードの戯曲の題目。「脇役を主役にする」という共通点を強調したかったようだが、会場の大半はポカーンとしていた。しかし、演劇好きの鈴木さんは、監督の意図するところが即座に分かったので、適宜《てきぎ》、情報を補いながら訳すことができた。あとでその場にいた関係者に大いに感謝されたという。

「記者会見では何が飛び出すか分からない。最後は知っているか知らないかで差がつく仕事だと思います」

戯曲には特にこだわりがあるという鈴木さん。通訳の枠を超え、翻訳家として数々の作品を手がけ、複数の戯曲本も出版している。時間に追われながら訳出を行う通訳の場合、あとになってより良い表現を思いついて悔しい思いをすることも多い。その点、翻訳はじっくり時間をかけて、辞書を引きながら言葉のニュアンスを考えられるので、語彙力《ごいりょく》の強化にもつながるという。ただ、家にこもって、ずっと翻訳をしていると、外に出て人に会いたくなる。

「通訳と翻訳、両方やっていることでいいバランスが保てるんです」

エンターテインメント業界で通訳を目指したいなら、「柔軟性を持つこと」を第一に挙げる。現場では、いつまでたってもあいさつの原稿が届かなかったり、舞台に上がる直前に段取りが変更になったりすることもある。インタビューの途中でへそを曲げて、部屋から出て行ってしまう女優さんもいれば、テレビは一切お断りで、取材も一日三時間までという大物スターもいる。そうかと思えば、ランチタイムすら取らずに、どんどん予定を進めたがる人もいて、自分のペースでトイレに行くことすらままならないこともある。その意味では「常に臨機応変な対応が求められる仕事」と言い切る。

生活の上でも、柔軟性が必要だ。演劇の仕事は、一か月を超えることもある長丁場。また、時には海外の映画祭に同行することもある。急な依頼が入れば、プライベートの予定をキャンセルしなければならないことも少なくない。

二人の息子を育てるうえでは、夫や母親の理解と支援があったことに加えて、ママ友同士でお互いに子どもを預かったり、幼稚園に迎えに行ったりと助け合えたことが、仕事と家庭の両立につながった。子どもにはさみしい思いをさせたこともあったが、その分、自分が担当する映画祭に連れて行って、通訳の合間に一緒に映画を観るなど、なるべく時間を共有するように努めた。おかげで、二人とも働く母親を常に応援してくれただけでなく、すっかり映画好きに育ったという。

いまでは三人の孫を持つ鈴木さんだが、まだまだ新しいことに挑戦し続けている。二〇一五年に開幕となった劇団四季とディズニーの提携ミュージカル「アラジン」では、古くからの知人に誘われて、コンサルタントとして日本語の台本チェックを担当した。

「もとの英語のニュアンスに近づけるために、ジーニーのセリフをかなり書き換えたりして、すごく楽しかった。今後も演劇関係の翻訳など、これまでの通訳・翻訳の仕事以外にも活動の幅を広げていきたいですね」

二〇一三年からは、麗澤大学で客員教授として年に数回、通訳・翻訳の仕事について講義をしている。

「学生のころから好きだった映画と演劇の世界で仕事ができるのは本当に幸せだと思います。体が持つ限り続けたいものです」

スポーツ通訳▼▼▼

「長く時間を共有すれば、訳すべきメッセージが見えてくる」

Interpreter ● Takashi Tsukada

多くのクラブでサッカーの通訳を務めた

塚田《つかだ》貴志《たかし》さん

日本サッカーのトップリーグである日本プロサッカーリーグ（Jリーグ）には、上からJ1、J2、J3の三つのディビジョンに、計五三クラブが名を連ねる（二〇一五年現在）。そのうち、六つのクラブに所属した実績を持つのが、塚田貴志さん。日本では数少ないセルビア語の通訳だ。

鳥取県米子市生まれ。小学三年生からサッカーをはじめ、中学、高校では全国大会も経験した。プロのサッカー選手を目指して、当時群馬県の草津にあった専修学校「東日本サッカーアカデミー」に進学。二年間、選手としてトレーニングを積みながら、指導者養成のための授業も受けた。

そのまま日本でプロになれるほどの実力はないと感じていたため、卒業後は新天地を求めて海外留学を決意。アカデミー時代の監督が、モンテネグロ出身だったこともあり、東欧へのサッカー留学を決めた。セルビアの三部リーグに受け入れてくれるチームがあり、ディフェンダーとして所属。だが、しばらくして腰とひざを故障し、二〇代前半でやむなく選手を引退した。それでもセルビアにとどまり、首都・ベオグラードの体育大学のサッカー学科に入って、指導者の道を歩みはじめた。

もともとセルビア語は一切話せず、チーム探しや住むところの手配は、アカデミー時代の監督任せだった。しかし、留学した一九九九年はコソボ紛争の末期で、北大西洋条約機構(NATO)がベオグラード周辺を空爆するなど治安が悪く、周りに日本人は誰もいなかった。一人で生活していくためには、自分でなんとかコミュニケーションを図るしかなかったことが功を奏し、四か月語学学校に通う間に、日常生活には困らないくらいまで上達した。

とはいえ、大学入学後は、授業で使われている高度なセルビア語が分からず、頭を抱えた。大学の友人に頼み込んで、授業後に内容を教えてもらうことで、なんとか約三年間かけて所定のコースと研修を修了。プロのユースチームが指導できるレベルに当たる、欧州サッカー連盟(UEFA)のB級ライセンスを取得することができた。

帰国後は、知人を通じて紹介された静岡市の町クラブで、小中学生の指導に当たった。サッカー王国・静岡のなかでも実力派のチームで、子どもにサッカーを教える生活は楽しかった。だが、充実した指導者人生を歩んでいた塚田さんに、ひょんなことから転機が訪れる。二〇〇六年、日本代表の監督に、当時J1のジェフユナイテッド市原・千葉を率いていた旧ユーゴスラビア出身の、イビチャ・オシム氏が就任。セルビア語と、オシム監督の母語であるボルニア語は非常に似ており、通訳の候補の一人として、塚田さんに白羽の矢が立った。

「ジェフで監督の通訳をしていた間瀬秀一《ませしゅういち》さん(のちのブラウブリッツ秋田監督)は、クラブの所属で代表には来られないというので、通訳を探していた日本サッカー協会の方から、なぜか僕のところに急に連絡が入ったんです。そこで、静岡のチームから出向する形で、オシム・ジャパンの立ち上げに通訳として参加しました」

当時招集された通訳者は三人。最終的には、のちに著書『オシムの伝言』で知られることになる千田善《ちだぜん》氏に一本化されたが、それまでの半年間、塚田さんは主にピッチ上で監督の通訳を務めた。

「このときはまだ、通訳の経験が全くなかったので、本当に難しかったですね。日本代表監督の通訳というプレッシャーに加えて、オシム監督はトレーニングメニューも複雑だし、選手に伝えたいメッセージの難易度も高い。はじめての通訳がそういう場だったというのは、非常にチャレンジングでした」

実際に、より経験豊富な千田氏が選ばれる形となったが、「いまの自分では、十分にチームの力になることはできない」と納得した。代表の仕事を続けられなくて残念ではあったが、むしろまだ二〇代のうちに、これまで考えてもいなかった「通訳」という選択肢に気づくことができたのは、大きな収穫だった。

「このときから、将来、自分がJリーグにかかわっていくための手段として、通訳という道があるかもしれないと思うようになりました」

その後は、静岡の少年サッカークラブに戻って指導を続けていたが、二〇〇九年に二度目の大きな転機を迎える。この年の七月、シーズンの途中で、当時J1で戦っていた大分トリニータが成績不振を理由に監督を解任。新監督に旧ユーゴ出身のランコ・ポポヴィッチ氏が就任することになった。クラブの強化部長から打診を受け、考えた末、通訳兼コーチとして大分の一員になることを決めた。

「サッカーに携わっていくなかで、Ｊリーグという日本最高峰のリーグを経験することに対するあこがれがあったんです。子どもたちの指導も好きだったけれど、一つ、自分を高めるチャレンジをすべきだと思い、決断しました」

はじめて会ったポポヴィッチ監督の印象は「紳士的で、優しく、オープンで裏表がない。すぐに、この人とだったらやっていけると思いました」。この時の出あいが、その後四クラブにまたがる二人三脚のはじまりだった。

代表での半年間があったとはいえ、通訳としての経験はまだまだ未熟だと感じていた塚田さんは、着任当初、必ず練習がはじまる前に、その日のメニューや狙いを監督に尋ねるようにしていた。そうすることで、いざ監督がコーチ陣や選手たちに練習内容を伝える時に、監督の意図を理解したうえで訳出ができると考えたからだ。練習前に早めに監督に時間を作ってもらうこともあれば、前日のうちから翌日の練習内容を聞いておくこともあった。

「とにかく監督とコミュニケーションを取る時間を大切にしていました。監督の通訳をするためには、監督の考えていることを正確に把握《はあく》して、細かいニュアンスや、サッカー観も含めて伝えることがすごく大事だと思うんです。そのためには、多くの時間を共有しないと、言葉をただ訳すだけではなかなか意図が伝わらない。監督も、自分の思いを一言一句、正確に伝えてくれることを望んでいたので、そこは非常に気を遣いました」

当時の塚田さんの生活は、監督を中心に回っていたといっても過言ではない。朝、監督と打ち合わせをした後、練習前のスタッフミーティングで、その日のトレーニングメニューを伝える。その後は、朝刊に大きなニュースや、自分たちのクラブの記事が載っていないか調べて、監督にも適宜《てきぎ》その内容を伝える。練習の後は、一緒に食事をし、二人で次の対戦相手や、自分たちの過去の試合のビデオを見て、意見を交わす。ときには夜中まで一緒にいることもあったが、監督がどういうところに着目して、どういう指摘をするのかを観察することで、彼のサッカー観を理解するように努めた。

この年、ポポヴィッチ監督に代わってから成績は上向いたものの、前半の不振がたたって大分はＪ２に降格してしまう。クラブの巨額の債務超過による経費節減の圧力もあり、監督の契約は更新されなかった。

通訳を必要とする相手がいなくなり、通訳者としては二つの選択肢が残された。一つは監督とともにクラブを去ること。もう一つは、通訳としてではなく、クラブのスタッフとして大分に残ること。結局塚田さんは前者を選んだ。

「通訳によっても判断は分かれるところだと思います。例えば僕みたいに指導経験があれば、コーチングスタッフとして残るとか、あるいはクラブの事務を手伝うとか、そういう話をいただけることも多いんですが、通訳として責任をもって仕事をしていきたいというのが、自分の考えで。家族にしてみたらいい迷惑だと思うんですけど、結果的にその後も、監督が辞めるたびに自分も辞める道を選んできました」

大分から静岡に戻って、しばらくは子どもたちの指導を続けていたが、ほどなく、当時

Ｊリーグの下の日本フットボールリーグ（ＪＦＬ）に所属していたＦＣ町田ゼルビアの監督候補としてポポヴィッチ氏の名前が挙がり、塚田さんにも通訳として声がかかった。大分では志半ばで終わってしまったという心残りもあり、監督とともに、町田に行くことにした。

町田でクラブのＪ２昇格に貢献したポポヴィッチ監督は、Ｊ１のＦＣ東京からオファーを受け、翌シーズンから再びＪ１で指揮を執ることになった。塚田さんも監督とともに移り、東京で二年間過ごした後、契約満了に伴い、当時同じＪ１にいたセレッソ大阪に移った。結局、二〇一四年六月に、監督が解任になるまで、足掛け五年間にわたり、通訳として支え続けた。

この間、同じ監督の通訳をし続けたことで、通訳としてのスキルは当初より格段に向上したという。「毎日一緒にいて会話するなかで、自分の表現もよりこなれてきて、日々セルビア語を話すことが当たり前になりました。もともと、サッカーは自分もやっていたので、サッカーの用語で困ることはあまりなかったんですが、むしろ、選手に対する伝え方とか、感情の込め方の部分で、力がついたと思います」

スポーツ通訳の場合、いわゆる通訳訓練を受けた経験のある人は少なく、むしろ、語学のできる元選手や指導経験者がなる場合が多い。ゆえに、会議通訳では当たり前に習うメモ取り(ノートテイキング)や、同時通訳の技術は、仕事をしながら覚えるしかないのが実情だ。サッカー通訳の場合、試合後の記者会見では、インタビューをする人の発言は監督の耳元でささやくように同時通訳する「ウィスパリング」、これに対する監督の答えは、意味のまとまりごとにまとめて訳す「逐次《ちくじ》通訳」となる。一方、試合前のミーティングのように、短い時間で指示を伝えなければならない場合や、監督がテレビのサッカー中継の解説者として呼ばれた場合などは、同時通訳で対応することが多いという。

塚田さんをはじめ、スポーツ通訳者の多くはメモを取らない。塚田さん自身は、「書くのが苦手だし、遅いから」と謙遜《けんそん》するが、むしろ、監督の話を集中して聞き、そのストーリーを組み立てることに力を置いているから、というのが大きいようだ。競技についての理解があり、日ごろ常に帯同して時間を共有しているからこそ、細かくメモを取らなくても、言いたいことが分かるともいえる。

同時通訳の経験も全くなかったが、「監督が考えていることが分かっているので、ある程度予測して訳していました」。子どものころから、「集中力と瞬発力」には自信があったので、あまり難しく考えず、聞こえてくるものを順番に置き換えることを心がけた。それでも、サッカー・ワールドカップの解説などは、未明から放送がはじまるため、睡魔と戦いながらの同時通訳は体力的にも「これまでで、一番しんどかった」と振り返る。必ずしも満足のいく出来ではなかったが、失敗しても引きずらないことが、通訳者にとって重要な資質だと感じている。

「自分の訳したコメントがどうメディアに取り上げられるかは、あまり気にしないタイプ」とは言うものの、ただ漫然と日々通訳をしているわけではない。仕事を通じて、日本語の難しさや表現の豊かさを再認識し、「言葉の選択肢を増やしたい」という思いが高まった。それまで全く関心のなかった、政治や経済についての記事を意識的に読むようにしたり、哲学書を買い込んだり。サッカーがらみの本や雑誌だけでなく、一般文芸誌にも目を通すなど、日本語の語彙《ごい》を増やすための工夫を凝らすようになった。

こうした努力を通じて通訳の腕を磨いた塚田さんのもとには、間断《かんだん》なくオファーが舞い込むようになった。セレッソ大阪を去った三か月後には、J2のコンサドーレ札幌のイヴィッツァ・バルバリッチ監督の通訳として北海道へ。一年間、通訳を務めた後に、監督の退任とともにクラブを離れ、二〇一五年九月に、同じくJ2の東京ヴェルディに、強化部付の通訳として移った。二〇一六年三月からは、再び札幌(同年から北海道コンサドーレ札幌に改称)の所属となり、語学力をいかしてスカウトを担当している。

約一〇年間の経験から、「自分が担当するスポーツが好きで、そのスポーツについての知識と理解があること」が、この仕事を目指すうえでの第一歩だと感じている。四六時中、監督やスタッフ、選手とともに、その競技について考え、語り合う生活は、全く関心がなければ、なかなか続かない。また、語学を覚える際にも、そのスポーツに対する情熱を原動力にした方が、早く身につくという。

ただし、「ファンのような感情」は捨てなければならないとも忠告する。特定のクラブや選手が好きだから、という理由で志す人もいるが、選手と一緒にピッチに立つこと自体が目的化してしまっては、冷静な、いい通訳はできないと思うからだ。

また、スポーツ通訳を続けていると、所属クラブや通訳対象者の都合で転職を繰り返し、毎年のように住む場所が変わることもありえる。塚田さんの場合も、学齢期を迎えた娘と息子が一人ずついるが、妻とともに、実家のある米子市で暮らしているため、自身は東京で単身赴任中だ。プロ契約なので、給料は基本的に年俸制で、自分で交渉しなければならず、次に雇ってくれるクラブが出てくるまでは、自分で仕事を探して食いつながなければならない不安定さもつきまとう。

「明日どうなるか分からないというのは、プロである以上、選手も、監督も、通訳も同じ。自分次第で行き先を決められる仕事ではないところが、一番の難しさです」

Jリーグの場合は、選手や監督にブラジル人が多いため、通訳もポルトガル語の需要が圧倒的に高いが、ほかにも韓国語、英語、フランス語、ドイツ語など複数言語の通訳者が活躍している。選手の通訳を担当するのは、通常、クラブにもともと所属しているスタッフ通訳だが、監督の通訳の場合は、監督が自ら連れて着任するケースも少なくない。特に、セルビア語に関しては、現役で稼働しているサッカー通訳者は二、三人しかいないため、セルビアだけでなく、言語の近いクロアチア、モンテネグロ、ボスニアあたりの言葉を話す監督が日本に来れば、声がかかる確率は高い。

「あと、助かっているのは、セルビア語が分かる人は世の中にも少ないんで、何をしゃべっているか周りに気づかれないこと。英語だと、多くの人が分かってしまうので、英語の通訳じゃなくて本当によかったです(笑)」

指導者になるための訓練を受け、子どもたちを長年指導してきたこともあり、自分には選手よりも監督の通訳が性に合っていると実感している。「やっぱり最終的にチームを動かすのは監督だと思うんです。その言葉を伝えるのは責任の重い仕事ですが、そこにやりがいを感じます」。一方で、「自分が通訳する相手がいなかったら成り立たない仕事。これを八〇歳まで続けられるかと聞かれれば、ちょっと厳しい」と分析する。

「運だけはいいので、とりあえず、仕事がもらえているうちは、続けていくつもり」と塚田さん。いまの夢は、「自分の所属するクラブがJリーグで優勝すること」だという。通訳の力でチャンピオンになれるわけではもちろんない。でも「一番になる」という体験をして、初めて見えてくるものがあるのではないかと感じている。

「その瞬間を通訳として迎えてみたい」

そんな気持ちで、今日も現場に立ち続けている。

❖コラム　通訳の主な方式

通訳の方式には大きく分けて次の三つがある。

①逐次通訳《ちくじつうやく》

話し手が、一定の間隔で話を区切り、その区切りごとに通訳者が訳出する方式。どのタイミングで話を区切るかは話し手次第で、時には数分間切れ目なく話が続くこともある。よって、効果的にメモを取る技術(ノートテイキング)が重要となる。発話者と通訳者が交互に別の言語で話すことから二倍近い時間がかかるが、いったん発言の内容を聞いたうえで訳出できるので、最も正確性が高い通訳方式といえる。政府間交渉や証言録取など、極めて高い厳密性が求められる場面から、ビジネスの商談や講演会、著名人のインタビューまで、幅広く使われている。

②同時通訳

この方式では通常、通訳者は通訳ブース(注1)と呼ばれる外部と遮断された空間で、へッドホンやイヤホンを通じて話を聞きながら、話し手とほぼ同時にマイクを通じて訳出をする。聞き手は専用の受信機を使って通訳を聞くため、通訳が必要な人だけにサービスを提供することができるほか、通訳のために話を中断する必要もないため、時間に制約のある大人数の会議などで採用されることが多い。ただ、聞きながら訳すことは、通訳者の脳に大きな負担をかけることから、複数の通訳者が一五〜二〇分おきに交替しながら行うのが一般的である。

③ウィスパリング

聞き手の耳元で「ささやく(ウィスパー)」ように訳すことから、この名前が付いた。通訳を必要とする聞き手が一人または少人数の場合に、対象者の比較的近くで、話されている内容を同時通訳する方式。海外スターなどがテレビ番組に出演する際、その斜め後ろに立って、司会者とのやりとりを通訳する通訳者の姿が映ることがあるが、このようなときに用いられるのがウィスパリングである。機材を全く用いない場合と、携帯可能な簡易通訳機器(注2)を使う場合があるが、遮断された通訳ブースでヘッドホンを使って聞くのとは違い、周辺の雑音も入ってくるため、正確な訳出は困難となる。一般的には、社内会議など、正確性よりもスムーズな進行が重視される場合や、移動を伴う見学や視察などに用いられることが多い。

注1　通訳ブース
　大きな国際会議場の斜め後方などに設置されているガラス張りの小部屋を通訳ブースと呼ぶ。三名前後の通訳者が座れる広さで、同時通訳機器の載った机といすがあり、会場内で使用中のスライドや映像を映し出すモニターが設置されている場合もある。このような常設ブースのほかに、会議のときにだけ臨時で設置され、終了後に撤収される仮設ブースもある。

注2　簡易通訳機器
　マイクが付いた送信機とイヤホンが付いた受信機からなる無線通信装置。手のひら大で持ち歩きが可能。

放送通訳▼▼▼

「毎日試験を受けているみたいな緊張感が好きです」

Interpreter ● Sekiko Matsuura

オバマ大統領の就任演説の同時通訳を務めた

松浦《まつうら》世《せ》起子《きこ》さん

放送技術の革新に伴い、日本にいながらも、世界のニュースをリアルタイムで視聴することができる時代になった。かつては、時間をかけて字幕を付けたり、吹き替えをしたりして流していた海外のテレビニュースも、いまは送られてくる映像を見ながら、スタジオにいる通訳者が、同時通訳で外国語から日本語に訳す方法が主流となりつつある。

例えば、NHKは、英語、ドイツ語、フランス語、スペイン語、ロシア語、アラビア語、中国語、韓国語などの通訳者がローテーションを組んで日々海外発信のニュースを伝えている。海外ニュースを二四時間流している米CNNや英BBCなどは、ケーブルテレビの専門チャンネルを通じて、独自に通訳音声付きのニュースを提供している。

松浦世起子さんは、この「放送通訳」と言われる分野で、二〇年以上活躍している英日通訳者だ。NHKを中心に、CNN、BBC、経済チャンネルの日経CNBCなど、数々の放送局のニュース番組を日々担当している。二〇〇九年、アメリカのオバマ大統領がはじめての就任演説に臨《のぞ》んだときに、NHKで同時通訳をしていた通訳者といえば思い当たる人もいるだろう。流れるような訳出と澄んだ声で、視聴者にも根強いファンが多い。

「必ず失敗したり、もっとこうすればよかったと思ったりするところはあるんですが、だからこそ次はもっとちゃんとやりたいと思える。私にとってはそこが魅力です」

東京都に生まれ、大学時代にイギリスで一か月ほどホームステイした以外は、ずっと日本で育った。家族の誰も海外と接点はなく、慶應義塾大学で英米文学を学んだのも友人の影響で、英語に強いこだわりがあったわけではなかった。父親の転勤で、家族が兵庫県芦屋市に移り住んだため、卒業後は、実家から通える大阪のファッション・マーケティング会社に就職した。

「ファッション系のライセンス事業をやっている会社だったので、海外のブランドとのライセンス契約の仕事に携わりました。とはいっても秘書職だったので、契約書の翻訳をしたり、英文のタイプ打ちをしたり。通訳はおろか、自分で英語を話す機会もあまりありませんでした」

三年ほど勤めたのち、神戸市にあった外資系の非破壊検査機器の会社に転職したが、スイス人の上司は関西弁もペラペラで、ここでも特に外国語は必要にならなかった。

転機が訪れたのは、その二年後。結婚した夫が社内留学でアメリカのメリーランド州の大学院に通うことになり、会社を辞めて一緒に渡米した。

「ちゃんとした留学経験もなかったですし、本当にドメスティックな環境で育ったので、ちょっとした買い物程度ならまだしも、ニュースを見てもちんぷんかんぷんで、全く分かりませんでした」

それでも、コミュニティカレッジで学んだり、世界各地から集まった留学生の配偶者同士で交流したりするうちに、少しずつ英語を身につけていった。

二年間の米国暮らしを終えて帰国したが、夫は石川県の金沢に転勤になり、再び知らない土地での生活がはじまった。伝統のある地方都市で、外から来ていきなり仕事を見つけられる雰囲気はなく、たまたま目にした国際交流センターで、ボランティアをさせてもらうことにした。はじめは受付などの簡単な業務から手伝いはじめ、のちに金沢に住む外国人や観光客を相手に、茶道や琴、着付けなどを教える無料講座の通訳を任されるようになった。とはいえ、英語力も不十分なうえに、通訳として訓練を受けたこともなかったため、満足のいく通訳はなかなかできなかった。

「見よう見まねでやっていましたが、自分の至らなさを痛感する毎日でした。ある日、見かねたアメリカ人の男性の方に、『君の英語はさび付いている。ブラッシュアップしないとだめだよ』と忠告されて、なんとかしなきゃと思いはじめました」

金沢で一年を過ごしたあと、夫の転勤で関西に戻ることになったのを機に、大阪にあった通訳学校に通いはじめた。単に英語力をもっと磨きたいというだけではなく、ボランティア経験を通じて、人に何かを伝える仕事に興味を持ったのも理由の一つだった。

二年半ほど通う間に、学校の紹介で、はじめてお金をもらって通訳をする機会にも恵まれた。大阪の港湾局の仕事では、再開発中の大阪港を視察に来る海外の港湾関係者を船で案内した。このころ、テニスの国際大会の記者会見の仕事も経験した。男子のピート・サンプラス選手や女子のシュテフィ・グラフ選手ら大物が出場する国際大会だったが、元テニス部で、テニスについては知識があったので、思い切って応募した。

「試合後の記者会見では、非常に具体的で細かい質問が出るので、関係する試合は、メモを取りながら関係者席でずっと見ていました。もともとテニスがすごく好きだったので、試合を見ているだけでも楽しくて。通訳の場面では、失敗しないかドキドキしていましたが、普通だったらそばに近寄れないような選手のすぐ隣でお仕事ができて、本当に幸せでした」

一方で、自分の通訳技術の未熟さについても気づかされたという。通訳学校に通ってまだ一年足らずだったので、選手のけがが話題になっても、その体の部位を何と訳していいのか分からない。けがや病気も正式名称が出てこず、あとで訳出の誤りに気づいて、報道センターまで謝りにいったこともあった。

こうした経験から、さらにスキルアップしたいという気持ちが高まり、夫の転勤で東京に移ってからも、通訳学校に通い続けた。しかし、東京では、クラスメートとのレベルの違いにショックを受けることとなる。

「大阪校のときは、同じクラスに帰国子女の方は一人もいなくて、英語のレベルはさほど私と変わらないような感じだったんですが、東京校は半数以上の方が帰国子女でした。英語から日本語に訳出する際にはそれほど差は出なくても、日本語から英語に訳すときに、やっぱり言い回しや発音で大きく差がついてしまって。いまのままではダメだなと感じました」

日本語から英語への訳出に限界を感じはじめていたちょうどそのころ、CNNが放送通訳者を探しているという話が舞い込んだ。当時すでに、通訳学校の運営母体である通訳エージェントを通じて、派遣でセミナー通訳などの仕事を受けており、そのエージェントからの情報だった。

「日本語から英語に関しては、帰国子女の方とスタート地点が違うから、よほど頑張らないと難しいけれど、放送通訳は基本的に英語から日本語に訳すだけだから、私でもなんとかなるかもしれないと思ったんです。一種の逃げなんですが、そんなずるい気持ちもあって、挑戦してみることにしました」

三〇代半ばでのこの時の決断が、のちのキャリアを大きく変えるきっかけとなった。

放送通訳には、大きく分けて三つのタイプがある。一つ目は「時差通訳」と呼ばれる、事前に映像を見たうえで翻訳原稿を作り、映像に合わせて読み上げるもの。二つ目は「生《なま》同通」と言われる、ぶっつけ本番で行う同時通訳だ。この中間に、「半生《はんなま》同通」と呼ばれる、極めて短い準備時間でざっと映像だけ見てブースに入る形態がある。当然、難易度としては、事前に映像を見ることができない生同通が最も高いため、初心者は時差通訳を割り当てられることが多い。CNNで松浦さんが最初に担当したのも、一週間のニュースをまとめて三〇分で振り返る番組の時差通訳の仕事だった。

「三人で分担したので、通訳する量はそれぞれ七、八分ほど。準備時間はたっぷり二、三時間いただけました。最初は緊張しましたが、やってみたらその緊張感がたまらなくて。もっとやってみたいと思うようになりました」

一方で、当時は新聞もななめ読み、テレビで見るニュースは国内ニュース中心、という生活だったので、背景知識のなさを痛感し、やりがいを感じると同時に、危機感をいだいたという。

そこで、今度は放送通訳に特化した専門学校で学んでみようと、NHKの運営するスクールに入りなおした。講師も現役の放送通訳者で、実際にニュース映像を見ながらする練習は、実践的で、大いに刺激を受けた。週に一度のCNNの仕事や、セミナー通訳を続けながら、一年半かけて必死で学び、在校中から徐々にNHKからも仕事がもらえるようになった。

「最初は、NHKで流すCNNニュースの仕事でした。ストレートニュースのほかに、スポーツやエンターテインメントもある三〇分番組を三人で担当しました。午前四時半にスタジオに入って、順番を決めて準備して、午前六時から放送するという流れでした」

このころはまだ、NHKでは実際に声を出す仕事は週に一回くらいで、あとは、「ウォッチャー」と呼ばれる、ニュース映像を見て内容を要約したり、通信社から送られてくる英語ニュースを翻訳したりする裏方の仕事が多かった。そのうち、CNNが、独自に生同通を導入することになり、スクールの同級生を通じて松浦さんにも声がかかった。それま

で、通訳学校以外で同時通訳の経験がなかったため、何が飛び出すか分からないニュース番組を同時通訳することにはためらいがあったが、まだ試験導入の段階だったので、挑戦してみることにした。

結局、CNNはその後、生同通を本格的に導入することになり、松浦さんにも継続的に依頼がくるようになった。さらに、数年後には先輩通訳者の紹介で、日経CNBCの通訳の仕事にも誘われた。スーツを着て、満員電車に揺られる必要のない放送通訳の勤務形態が性に合っていたこともあり、自然と、仕事の中心は放送通訳にシフトしていった。

複数の放送局から定期的に仕事が入るようになり、放送通訳者としての足場を築き始めていたとはいえ、上には実力も実績も十分な大先輩がたくさんいた。早く経験を積もうとするあまり、仕事を受けられるだけ受けてしまい、土日や深夜まで働くはめに。そんな時期がしばらく続いたが、ある日、鏡で見た自分の顔色があまりに悪いことにショックを受け、このままの生活を続けていてはいけないと思い至った。

その後は、自分の体と家族のためにスケジュール管理を徹底するようになり、放送通訳をはじめて二〇年がたついまは、土日には仕事を入れず、平日の午前中を中心に、夕方までに仕事を終える生活をキープしている。それでも、週に二回は午前五時四五分にスタジオ入りしなければならないレギュラーの仕事があり、不定期で午前三時半からの番組を受けることもあるという。また、大事件が起きて、日ごろお世話になっている放送局に頼み込まれれば、長時間の生同通や、夜通しの仕事を引き受けざるを得ないこともある。

二〇〇一年に米国同時多発テロが起きた日も、本来は日経CNBCで、ニューヨーク証券取引所の寄付《よりつ》きを報じる短い番組の通訳をするはずだった。当時はまだ夜の仕事も受けていたころで、日本時間午後一〇時半の放送開始に備えてスタンバイしていたら、世界貿易センタービルに一機目の航空機が突入したという速報が飛び込んできた。

現場に取材に出た女性キャスターが全身に灰を浴びたままレポートをはじめる。経済番組は急きょ特番に切り替わり、テロ事件に関する放送を延々と同時通訳することになった。通常の時間をオーバーして、深夜まで対応した後、翌日も朝から担当を任された。そのうち、通常は時差通訳がメインのNHKも生同通で対応することになり、しばらくは毎日どこかの放送局に張り付いている状態だったという。

間違っても訂正が効かない放送通訳ならではの辛さや悔しさもいろいろと経験した。例えば、毎年担当しているノーベル賞の発表。受賞者については事前にいろんな予想が出るが、実際に誰が受賞するかは、蓋《ふた》を開けてみないと分からない。通訳者も当然、情報を集めて準備はするが、全く想定していなかった候補者が受賞することもある。特に物理学賞や生理学・医学賞などは、授賞理由が専門的なうえに、ずいぶん前の業績に対して贈られることも多く、予想外の候補者が受賞したときは、訳出がしどろもどろになってしまうことも。自分でも分からないなりに訳したところが、運悪く高視聴率のニュース番組で使われて、大恥をかいたこともあるという。

それでも続けてきたのは、「楽しいから」と松浦さんは言い切る。

「やっぱり楽しくないと、何事も続けられないと思うんです。ニュースの仕事をしていると、毎日新しい情報に触れることができます。その分、リサーチや勉強もきりがないんですが、そうやっていくうちに、少しずつ自分の世界が広がっていくのが楽しくて。もっとがんばりたいという思いが湧いてくるんです」

自分のパフォーマンスを確認するため、担当した番組は録画して必ず見直すようにしている。早口になりすぎていないか、差別用語など不適切な表現をしていないか、子どもやお年寄りにもきちんと分かる言葉遣いができているか――。確認しなければならないポイントは多い。また、現場で分からなかったことや、疑問に思ったことはそのままにせずに、必ずその日のうちに調べて解消することを習慣にしているという。

放送通訳に向いているのは、「なんにでも興味が持てる人」と松浦さん。特定の分野を掘り下げて勉強しなければならない会議通訳などほかの仕事に比べて、放送通訳は扱う分野が広い。政治・経済だけでなく、スポーツでもファッションでもいろんなものに関心を持って、そのことについて勉強するのが面白いと感じられる人の方が、続けやすい仕事だという。

また、自分自身の経験からも、やってみたいと思ったら、迷わずチャレンジすることを勧める。

「向いているか向いていないかは、ちょっとやってみただけでは分からない。苦手だと感じても、続けていたら適性が見えてくることもあります。とにかく若いうちはなんにでも挑戦してみることが大切です」

画面に通訳者の名前が表示されることもある放送通訳は、いろんな通訳のジャンルのなかでも比較的露出度が高く、その分人気もある。希望者が多いため、会議通訳に比べて通訳料は低く抑えられがちだ。競争も激しく、放送通訳一本で生計を立てていくことは難しい面もあるが、それを上回る魅力があると、松浦さんは言う。

「何が出てくるか分からなくて、毎日試験を受けているような緊張感がある。終わった後の解放感もたまりません」

その刺激がある限り、これからも放送の現場にかかわり続けるつもりだ。

会議通訳▼▼▼

「単語ではなく、文脈を訳すのが通訳の仕事」

Interpreter ● *Hanako Kaku*

国内外の国際会議で活躍する

賀来《かく》華子《はなこ》さん

様々なジャンルの通訳のなかでも、花形と言われるのが、国際会議の同時通訳で知られる「会議通訳者」だ。賀来華子さんは二〇年以上にわたり、第一線の会議通訳者として、官公庁や国際機関、グローバル企業などの通訳を担っている。

はじめて海外に出たのは二歳のころ。外交官だった父の転勤に伴い、家族でブラジルに移り住んだ。そのあとも、二、三年ごとに外国と日本を行ったり来たりし、高校卒業までに、アメリカ、デンマーク、タンザニア、イタリア、ブラジルと、五か国で計七つの学校に通った。

なかでも強烈な印象を残したのが、七か月と短かったものの、はじめての体験ばかりだったタンザニアでの生活。一〇本近い予防注射を打ち、渡航後も毎日マラリアの薬を飲むという、子どもにとっては辛い経験もしたが、世界遺産のンゴロンゴロ自然保護区やセレンゲッティ国立公園でサファリを楽しんだり、かつて奴隷貿易の拠点だったザンジバル島で歴史を学んだり。現地の人たちの暮らしを垣間見《かいまみ》て、はじめて「貧しさ」を目の当たりにし、世界の多様性について関心を持つきっかけになった。

別の意味で印象に残っているのが、中学二年のときに移り住んだイタリア・ローマでの日々。国連食糧農業機関(FAO)の本部などがある国際都市らしく、通っていた

ブリティッシュ・スクールには、世界を股にかけて活躍する国際公務員の子女が集まっていた。「お母さんがイラン人、お父さんがスウェーデン人といった、いろんな人種や国籍の子どもたちがいて。しばらく日本暮らしが続いた後だったので、改めて広い世界に目が開けた思いでした」

幼少期から続いていた海外と日本を行ったり来たりする生活に、いったん終止符を打つ

決意をしたのは、二度目のブラジル暮らしとなった高校時代。当時通っていたアメリカン・スクールの世界史の授業で、第二次世界大戦が取り上げられたのが引き金だった。先生がアメリカ大使館から借りてきた昔の資料映像には、「世界には三つの悪がある」として、イタリア、ドイツとともに日本の名前が挙げられていた。東南アジアに日本軍が侵略した際の映像も見せられたが、一方で、世界史の教科書には、広島と長崎に対する原爆投下についての記述はほんの一行程度しかなかった。

「私はそのとき、日本を弁護するすべを知らなかった。もう、言われっぱなしで。歴史とはそもそも勝者によって書かれたものだということも、おぼろげにしか分かっていなかったんですね」

それでもなんとかしたくて、後日、新幹線やトヨタ、ソニーに代表される日本の技術力から、狭い土地を生かした棚田と傾斜地農法の話まで、一生懸命、戦争の歴史だけではない日本の姿をプレゼンテーションした。

「この経験があって、大学は日本に戻ろうと思いました」

通訳との最初の出会いは大学時代。もともと、父親の仕事の関係で、通訳という仕事についてある程度の知識とほのかなあこがれがあったこともあり、通っていた上智大学では、専門の授業のほかに、現役の会議通訳者による通訳実技の授業を受講した。在学中から、アルバイトで海外メディアの取材コーディネーター兼通訳として働くようになり、広島で被爆者の体験を聞いたり、トヨタの工場を取材したりと、現場を踏んでいった。

当時在籍していた比較文化学部(のちに国際教養学部に改編)は、授業もすべて英語で、帰国子女が多く、卒業を控えても、いわゆる就職活動をする学生ばかりではなかった。そのため、賀来さんもリクルートスーツを着ることなく卒業を迎えたが、特段違和感はなかった。卒業後も取材通訳の仕事を続け、加えてエンターテインメント雑誌の翻訳や、英語学校での講師の仕事もあったため、一人暮らしで生活していくための出費は充分賄えた。

二年ほどそんな生活を続けたころ、ふと、このままでいいのかという思いが頭をよぎった。キャリアパスが、ある程度示される会社員と違って、フリーランスの場合は、自分で行動を起こさなければ、ステップアップはない。同時通訳ができる会議通訳者になりたいという気持ちから、アメリカの大学で、本格的に会議通訳を学ぼうと思い立った。

卒業後に貯めたお金と両親、伯父からの援助で米西海岸に渡り、カリフォルニア州モントレーにあるモントレー国際大学院(のちのミドルベリー国際大学院モントレー校)に入学した。国際機関などに数多くの通訳者、翻訳者を送り出している全米屈指の大学院で、フランス語、スペイン語、ドイツ語、ロシア語、中国語に加えて、日本語のコースもあった。一〇人程度のクラスで二年間、みっちりと通訳の理論と技術を学ぶことができた上、模擬国際会議を通じて、いったん英語に訳されたスピーチを英語から複数の言語に同時通訳するといった多言語間の「リレー通訳」など、実践的な練習を積めたのが大きな財産だったという。

実践の現場ではじめて同時通訳を体験したのもこのころだ。ポルトガルのリスボンで開かれた国際的な経済セミナーで、通訳者が足りず、声がかかった。同い年の通訳者と二人で挑戦したが、日本の元首相が参加するような公式な場での通訳ははじめてで、緊張でうまく訳が出せずに黙り込んでしまうこともしばしばだった。

「訳が聞こえてこないせいで、会場の人はヘッドセットが壊れたのではないかと思って、怪訝《けげん》な顔をしているし、隣のブースにいたベテラン風のポルトガル語通訳者は、私たちが英語に訳さないとリレーができないので、ブースをガンガンたたいてくるし。とても怖かったのをいまでも覚えています」

同級生のなかには、大学院修了後、アメリカやヨーロッパを拠点とする会議通訳者になった人もいたが、賀来さんの場合は資金が底をついたこともあり、修了式を待たずに帰国した。会議通訳の修士号は得られたものの、それだけで仕事が増えるわけもなく、まずは以前からの取材通訳の仕事を再開した。幸い、大学院で培《つちか》った人脈を通じて、通訳エージェントに登録したり、仕事を紹介してもらったりと、徐々に仕事の幅は広がっていった。

転機となったのは、いまでも続けているデポジション（証言録取）の仕事にめぐりあったこと。大学院関係のつてで、不良債権をめぐるグアムでの訴訟を担当した。米国の訴訟においては、法廷での公判に先駆けて、両当事者とそれぞれの弁護人だけで、当事者から証言を取る手続きがある。日本語での証言は、通訳者が英語に訳した内容が文書に書き起こされたり、ビデオの形で記録されたりするため、細心の注意を払って正確に訳出しなければならない。いきなりの海外出張に加えて、責任の重い仕事でもあったが、その後も法律事務所などからの依頼が続き、重要な収入源の一つとなった。

また、大学院を卒業して四年くらい経ったころから、カーナビゲーションの地図データを標準化するための国際標準化機構（ＩＳＯ）の国際会議に入るようになったのも、大きな経験となった。各国持ち回りで、二か月ごとに技術者たちが集まる会合で、簡易通訳機器を使った「ウィスパリング」を定期的に行う機会を得た。オーストラリア、オランダ、アメリカ、韓国などを同じメンバーで回ることで、専門的な内容ではあったが、チームの一員として一体感を持って仕事をすることができた。

駆け出しのころの逐次《ちくじ》通訳中心の仕事から、国際会議での同時通訳へと仕事がレベルアップし、やりがいのある仕事も増えたものの、このころから通訳という仕事を続けていくことについて、迷いが生じ始めた。特に、学生時代のアルバイトからそのまま通訳者になったため、絶対的な知識量が足りない点も気になっていた。

「このまま何十年も、人の言っていることをただ訳すだけでいいのか。もっと広い世界を見る必要があるんじゃないかと感じていました」

年齢的には三二歳になっていたこともあり、周りではちょうど、結婚や出産を機に人生の方向転換をする同世代の友人たちが多かった。一念発起して、アメリカのコロンビア大学に留学を決意。大学院で公共政策を学ぶことにした。

「通訳をしているなかで、まだまだ意思決定の場に女性が少ないことが気になっていたので、ジェンダー問題をテーマにしました。自分の好きなように、比較的自由に授業が取れるプログラムで、NGOの運営や、人権問題、公衆衛生にいたるまで、幅広く学ぶことができました」

この留学が、その後の人生を二つの意味で大きく左右することになる。一つは、通訳という仕事の魅力を再確認したこと。大学院には、行政や企業から派遣された日本人もいれば、マスコミやコンサルタント会社を辞めて私費で学びに来た人もいて、それぞれの職種で苦労や悩みを抱えていた。彼らは一時的にせよ仕事を全面的に休んで学んでいたが、自分は大学院の長期休暇のたびに、帰国したり、別の国に行ったりして通訳の仕事ができた。そのような自由な働き方を周りからうらやましがられるうちに、通訳という仕事に抱いていたもやもやとした思いが、少しずつ晴れていった。

もう一つのできごとは、将来の伴侶を見つけたこと。同じ大学院に留学していた現在の夫は、賀来さんの仕事ぶりを認め、通訳という職業にも理解を示してくれる人だった。帰国して一年後に結婚。その一年後には長女を出産した。

帰国してしばらくの間は、スイスのジュネーブで開かれる国際労働機関（ＩＬＯ）の総会の通訳をしたり、神戸女学院大学で通訳を教えたりと、積極的に活動の場を広げていった。次女が生まれてからは、体力的な限界もあり、「仕事に一心不乱とはいかなくなった」と言うが、それでも、小学三年生と一年生の娘の子育てに追われながらも、年に一〇〇件近くの会議と、国内外の出張もこなしている。夫の理解と協力、同じ沿線に住む両親のサポートのおかげで、なんとか両立できているという。

自分の幼少期とは違い、娘たちは基本的に日本育ち。両親ともに英語は話せるが、あえて英語の英才教育は施していない。自分の子ども時代の経験から、幼いころから英語を学ばせることの有効性に疑問を抱いているからだ。

「私の場合、小学校に上がる直前までの二年間はニューヨークで暮らしていましたが、帰国して小学校に入ったら、英語は途端に忘れました。日本と海外を行ったり来たりの生活だったので、毎回、一から英語を学びなおす感じで、「三歩進んで二歩下がる」を繰り返していました。言語の習得は、単に単語を覚えるのとは違う。頭の中で文脈を構築する力をつけ、本で得る知識と体験による知識の両方を蓄えていって、はじめて可能になるものだと思うんです」

賀来さん自身も、アメリカで二つの大学院に通ったことの最大の利点は、英語力や通訳スキルが磨かれたことではなく、様々な分野の授業を受けることで、視野が広がり、より深い理解が可能になったことだと感じている。

一方、帰国子女の多くが苦労する日本語力の維持に関しては、自宅で英語を一切使わないという教育方針が役に立った、と振り返る。家では、海外生まれの弟や妹との会話もすべて日本語で、両親と話すときはきちんとした敬語を使うのがしきたりだった。特に母親は、日本語の読み聞かせに熱心で、子どもには少し難しい『太平記』や『平家物語』などを繰り返し読んで聞かせてくれた。そのおかげで、海外生活が長かったにもかかわらず、帰国後も日本語に不自由することはなかった。

言葉に対する鋭敏な感性は、通訳者にとって非常に大事な素質だと感じている。例えば、英語には敬語がないと誤解している人もいるが、日本語に比べてルールが分かりにくいだけで、英語の敬語表現の方が、難易度が高い場合もある。

「例えば日本人はすぐ相手のことを「Ｙｏｕ」と呼んでしまいがちですが、命令形の文章では非常に失礼に聞こえます。そういう場合は、目的語を主語にして訳すなど、配慮が必要です」

主語が明確でない日本語の文章を訳すときに、勝手に「Ｗｅ」や「Ｉ」を付けることも、責任の所在が重要視されるデポジションなどの場面では、慎まなければならない。

仕事でもプライベートでも様々な経験を経て、通訳として円熟味を増しつつある賀来さんだが、今後の目標については、「もっといい通訳をして、エージェントやお客様からの信頼を得ること」と語る。その背景には、「信頼は時間をかけて得るもの」との思いがあるという。

「ある会議で聞いた英語の一文が印象に残っています。"Trust is won in drips, and lost in buckets." つまり、水に例えるならば、信頼とは一滴ずつ貯まり、失うときは一瞬だということです。「賀来に任せれば間違いない」と思っていただくためには、一つ一つの仕事を丁寧に行っていかなければなりません」

もう一つの目標は、現場での経験を子育てに生かすことだ。「まだ二人とも小学生ですが、分かる範囲で、私が出会った人や、見聞きした内容を伝えて、娘たちの関心や共感の対象を広げるきっかけ作りをしたいと思っています」。会議通訳は日々の仕事の現場で、国際社会の動きを肌で感じられるのが魅力。だからこそ、自分が吸収したものを、次の世代にもつなげていきたいのだという。

かつての自分のように、会議通訳者にあこがれる人も多いと思うが、英語力偏重の風潮には疑問を呈す。通訳者を目指すには英語力だけでなく、平行して日本語力も磨くことが重要だと考えるからだ。

この場合の日本語力には、マナーも含まれるという。

「職業人として、長くやっていくためには、きちんとTPOにあった挨拶ができて、敬語が自然に口から出てくるように心がけることが重要です。それは自分のためだけでなく、周囲への気配りにもなると思います」

どんなに実力があっても、通訳の仕事は自分だけで完結するものではない。依頼は必ず誰かの手を経て、外からやってくる。だからこそ、実際の通訳現場においてだけではなく、常に周囲への配慮を忘れず、人との縁を大切にすることは、仕事を続けていくうえで欠かせないと感じている。

気遣いができれば英語ができなくてもいい、ということではもちろんない。一定レベル以上の英語力は当然のことながら必要だ。ただ、しゃかりきに単語を丸暗記すれば身につくというものでもないのが、語学学習の難しいところだと賀来さんは指摘する。

「英語力も信頼と同様、一朝一夕《いっちょういっせき》で身につくものではありません。通訳は、単語の置き換えではなく、「文脈の吸収・咀嚼《そしゃく》・伝達」が仕事ですから、広く、しかもある程度掘り下げて関心を持つことが必要です。いままで知らなかった世界も、目の前に開ければ人生が豊かになる。そう思って、出あった一つひとつの事柄を、楽しみながら、学んでいってほしいですね」

❖コラム　通訳者の報酬体系

通訳者の報酬は分野ごとに異なる。また、通訳会社(エージェント)を通じた依頼なのか、クライアントから直接請《う》け負った仕事なのかによっても金額は大きく変わってくる。ここでは、最も稼働人数の多い会議通訳、ビジネス通訳の分野における標準的な通訳料を中心に、通訳業界全体の報酬体系について紹介する。

国際的な会議や講演会などが仕事の中心となる会議通訳の場合、通常はクライアントから仕事の依頼を受けた通訳会社が、事前に登録されている通訳者のなかから、難易度や専門性に応じて候補者を選んで声をかける場合が多い。通訳者は、通訳会社に登録する際に、それまでの通訳実績やレベルチェック(実技テスト)の結果、本人の希望する通訳料などに基づいて、基本となる半日(おおむね三~四時間以内)、全日(おおむね七~八時間以内)の通訳料が決まっている場合が多い。この範囲内であれば、実際の仕事が一時間であっても半日料金、五時間であっても全日料金が支払われる仕組みだ。また、拘束時間が上限を超えた場合は、延長料金(三〇分〜一時間単位)が発生するほか、出張時には交通費、宿泊費に加えて日当なども支払われる。

業界の動向を定期的に発信している季刊誌「通訳翻訳ジャーナル」編集部が通訳者へのインタビューをもとに調べたところでは、駆け出しの通訳者の通訳料は全日で二〜三万円ほどだが、経験に応じて上昇し、一〇年目ごろには五〜七万円ほどに到達する。トップレベルの通訳者になると、一日で一〇万円以上の通訳料が支払われることもある。専業の会議通訳者は年間二〇〇日前後稼働するため、年収一〇〇〇万円以上稼いでいる通訳者は少なくない。また、クライアントから直接請け負う仕事は、通訳会社の手数料や経費が差し引かれない分、通訳者に支払われる金額は高くなる。

ビジネス通訳の場合も、フリーランスで働いていれば会議通訳とほぼ同様の報酬体系となるが、社内通訳の場合は派遣社員であれば派遣会社の、契約社員や正社員であれば勤務先の定めに従って、日給や月給が決まる。より専門分野に特化した放送通訳やエンターテインメント通訳に関しても、通訳会社経由の仕事に関しては会議通訳と似たような状況だが、放送局や映画配給会社などから直接仕事を受ける場合には、個人による通訳料の差が大きくなる傾向にある。スポーツ通訳も雇用の形態によって、正社員のように月給で支払われる場合や、プロ選手のように年俸制になる場合もあり、様々だ。

通訳ガイドやエスコート通訳のように案内業務が主体となると、会議通訳よりも通訳料は数割低くなる。ボランティア通訳は交通費のみ支給の場合もあれば、ある程度の報酬が得られる場合もある(数千円〜)。コミュニティ通訳については、医療通訳のようにボランティア並みのものから、法廷通訳のように一万五〇〇〇円前後の時給が支払われるものまでばらつきがあるのが現状だ。

参考文献

通訳翻訳ジャーナル編集部編『通訳の仕事　始め方・稼ぎ方』イカロス出版、二〇一〇

ビジネス通訳▼▼▼

「内部の人間だからこそ出せるディテールにこだわる」

Interpreter ● Takako Ito

AIGビジネス・パートナーズ株式会社　通訳課課長
伊藤《いとう》孝子《たかこ》さん

グローバル化が進み、日本に進出している外資系企業だけでなく、日本企業においても、英語を使ってビジネスを展開することがもはや当たり前となった。とはいえ、日本の場合、全従業員が流ちょうに英語を操るという段階にはまだ至っておらず、社内会議から、取引先との商談、外部に向けたプレゼンテーションまで、ビジネスの現場でコミュニケーションの橋渡しをするビジネス通訳の需要は依然として高い。

特定の会社に正社員や契約社員、あるいは派遣社員として籍を置きながら、その会社における通訳業務を日常的に行う通訳者を、一般的に「社内通訳」と呼ぶ。伊藤孝子さんは、大学を卒業してから約二〇年間にわたり、一〇社以上で社内通訳として活躍してきた、この道のエキスパートだ。

茨城県生まれ。父親の転勤で、六歳から中学校に上がる手前までを、米国東海岸で過ごした。帰国後、つくば市内の中高一貫校に入学。その後、早稲田大学に進学し、比較文学を学ぶ傍ら、在学中から民間の通訳学校に通いはじめた。

「周りには、公務員試験や簿記などの資格試験を受験するために専門の予備校に通う学生が多くて。自分はどうしようと考えた時に、英語を生かした仕事がしたいと思い至ったんです」

都内の学校に週二回、一年半ほど通う間に、就職活動を迎えた。「氷河期」と言われた就職難の時代で、名門大学とはいえ、女子には資料請求のためのカタログすら送られてこない状況だった。

「みんな同じようなリクルートスーツを着て、何社もOB・OG訪問をして苦労していた。ちょうどそのころ、私は通訳学校が面白くてしょうがない時期で。自然と、卒業後は通訳を目指そうと考えるようになりました」

通訳派遣エージェントが経営する通訳学校に通っていたため、そのままエージェントに登録。卒業後すぐに、外資系の自動車メーカーに職を得た。正社員採用を前提とした「紹介予定派遣」で、営業部門のトップの通訳として働き始め、その後正社員に。アメリカ人の上司のもと、ビジネスのいろはを学んだ。

「「決算」の意味も分からない状態でしたから、上司や周りの社員の方には本当によく教えていただきました」

「半日」あるいは「全日」という単位で料金設定がある会議通訳とは違い、社内通訳の場合は、派遣であれば一日、正社員でも月給の範囲内で、会社の求めに従って勤務することが義務付けられる。時には二日間の出張中、朝から晩まで一人で通訳をこなすときもあり、体力的にはハードな生活だったが、念願の通訳者としての日々はやりがいもあり、充実していた。

しかし、一年半ほどたったころ、優秀で人格者だった上司は米国本社に戻ることになり、代わって配属されたのは、通訳を必要としないバイリンガルの日本人だった。すでに正社員になっていたので、通訳の仕事がなくても、経理などほかの部門で働き続けることは可能だったが、当時は、やりはじめたばかりの通訳の仕事が面白くて、どうしても続けたかった。迷った末、転職を決意。再びもとのエージェントに登録して仕事を探してもらい、今度はシステム開発を手掛ける日系企業とオランダの企業の合弁会社に秘書兼通訳として派遣された。

だが、この会社も、長くは続かなかった。オランダの企業からこの合弁会社に出向していたIT本部長付きになったものの、ほどなくして会社は合弁解消を決め、本部長はオランダに帰ることになったからだ。することがなくなったため、一年も勤めないまま別の派遣先を探すことになった。

次に働くことになったのは、外資系食品会社。イギリス人のマーケティング本部長の秘書兼通訳として派遣された。これまでのなかでは最もハードな職場で、忙しくはあったが、仕事の醍醐味を感じることができたという。

本部長室の一角にある自分のデスクには、本部長に用事のある社内外の人たちが次々と押し寄せる。予定された会議と会議の間に緊急会議が入ったりすると、一日中一人で通訳をしなければならない。どんなに通訳で忙しくても、秘書としての資料のファイリングやスケジュール管理などの仕事も怠るわけにはいかず、帰宅は夜の九時、一〇時という生活が続いた。

「それでも若かったから苦にならなかったんですね。周りも若くて、夜遅くに仕事が終わってからさらに飲みに行ったりして。マーケティングの一員として、コマーシャルの企画から制作にまでかかわることもできた。この会社にいる間に、ビジネスについて多くを学びました」

しかし、この会社もやはり二年で去ることになる。担当していたマーケティング本部長が副社長だったこともあり、社内で「副社長の秘書のポジションを派遣社員に任せていていいのか」という疑問の声が上がったからだ。仕事ぶりは認められていたので、「正社員にならないか」と打診されたが、そのポジションを受けることは、通訳としての活動の幅を狭めることを意味していた。

「通訳者は一人しかいなかったので、周りから客観的な評価が得られるわけではないですし、自分の腕が上がっているのかも確認できない。唯一の評価基準が、上司が喜んでくれるかどうかという状況では、自分の成長が止まってしまうような気がして。それが怖かったので、非常にありがたいオファーではあったんですが、そのお話はお断りしてしまいました」

以後、通訳としての腕を磨く場を求めて、一、二年おきに会社を変わりながら、システム会社やスポーツ用品メーカーなどで社内通訳を続けた。いろんな会社で働いてみて分かったのは、自分が担当する上司、あるいはその会社が必要としている役割によって、通訳者に求められる仕事の内容がかなり異なることだ。例えば、通訳の形態についても、担当した役員がせっかちで、なんでも同時通訳やウィスパリングにしてほしいのか、訳出の精度を重んじて、時間がかかる逐次《ちくじ》通訳を好むのか、付く人によって通訳のスタイルも変えなければならない。会社によっては、社内の文書やメール、契約書などの翻訳を任されることもある。臨機応変な対応が苦手な人には難しいかもしれないが、伊藤さんの場合は、それぞれの状況を学びの場として捉え、スキルアップを図ることができた。

「例えば、自分が付いている人が営業本部長だったとすると、必ず、年に何回かは大勢の前でスピーチをする機会が来ます。はじめは緊張して、マイクを持つ手も震えたりして

いたんですが、それでも大事なスピーチですから、堂々と訳さなければならない。与えられた場ごとに自分に何が求められているのか、常に意識しながら通訳するようにしていました」

以前に担当した、英語が母語ではないある社長は、記者会見など重要なイベントでは、長文の原稿を必ず用意していた。社長の「間違ったメッセージを伝えたくない」という思いを感じたので、必ず全てを事前に和訳して、三回は声に出してから臨《のぞ》むようにした。時間をかけて翻訳することで、日本語の表現力が磨かれ、いい経験になったという。

社内通訳だからこそ、難しい立場に立たされる経験もした。ある会社にいたとき、社内で業績の芳《かんば》しくない社員を外国人上司が呼び出して注意を与える際に、通訳を頼まれた。同じ社内にいる日本人としては、なるべく角《かど》の立たない言い回しを選びたくなるが、上司の伝えたいメッセージがより直截的《ちょくせつてき》なものであった場合、自分の判断で表現をやわらかくすることはできない。特に外資系だと、パフォーマンスが期待を下回ったことに対する叱責《しっせき》の言葉は容赦《ようしゃ》がなかった。

「「今日中に荷物をまとめて出ていけ」とか、日本の企業だとあり得ないようなメッセージも伝えました。そういうときでも、通訳としてはなるべくスパッと言うことが求められるので、相手と目をあわせるのも辛いような場面もありました」

その後も通訳として雇ってくれる会社を渡り歩く間に、秘書兼通訳ではなく、通訳メインの仕事が増え、担当する相手も、外資系企業の日本法人社長クラスになった。また、駆け出しのころは、上司の英語を日本語に逐次通訳する以外は、その上司に対して、場の進行が分かるように状況を説明しながら訳す「ウィスパリング」が多かったが、通訳対象者の役職が上がるにつれ、記者会見など公の場で、大勢の前に立って行う逐次通訳や、ブースに入って行う同時通訳など、仕事の難易度も上がっていった。

順調にステップアップしていた伊藤さんだが、長男が生まれたことで、状況は一変する。もともと子どもは欲しかったので、キャリアの途中からは、産休や育休が取れて、保育園にも預けやすい正社員のポジションを探すようにしていた。しかし、せっかく見つけた外資系企業の正社員の職も、妊娠・出産を機に失った。しかたがないので、これまで通りエージェント経由で仕事を探してもらったが、独身時代には二週間もあれば見つかった次の仕事が、子どもがいると全く見つからない。ビジネス通訳として、いろんな業界で通訳者として働いてきた経歴は、本来であれば企業にとって魅力的なはずだったが、子どもがいると分かると、履歴書を見てもらうことすらできなくなった。

「最初はやはり正社員のポジションで探していたんですが、全然見つからなくて。結局派遣も含めて探して、それでも八か月ほどかかりました」

ようやく見つかった仕事が、今勤めている米保険大手ＡＩＧの社内通訳。最初は派遣社員としての採用だった。人事部の一員として、社内やグループ会社からの依頼に応じて会議などの通訳をする仕事で、当時は一人で担当していた。子どもは小さかったが、会議の依頼を受けたら、何があっても穴をあけるわけにはいかない状況だったので、いざというときに備えて、病児保育専門のＮＰＯに登録して、ベビーシッターを派遣してもらえる態勢を取った。それでも間に合わないときは、茨城に住む母親に来てもらって、なんとか仕事を続けた。しばらくすると、子どもが急に体調を崩すことも少なくなり、仕事ぶりも認められて、無事、正社員になることができた。

その後、国内に展開する各グループ会社とのやりとりにおける通訳の需要が高まったこともあり、ＡＩＧ傘下のＡＩＵ損害保険が雇っていた通訳者と併せて、四人のチームになった。その後さらに一人を加えて、五人体制で回していたが、入社して五年ほどたったころ、プロジェクト専属の通訳者も合わせた合同チームが編成されることに。二〇一四年三月、「通訳課」が新設され、伊藤さんは、通訳者、翻訳者、コーディネーター計一七人からなるこの課の課長に就任した。

「お話をいただいたときは、子どももちょうど小学校に上がるタイミングだったので、新しいチャレンジをするにはいい時期だと思いました。管理職というのは、未経験の世界でしたが、通訳のことを多少なりとも分かっている人間が担当したほうがいいのではないかと思い、お引き受けしました」

通訳課は、毎日メールで飛び込んでくる依頼に応じ、通訳者を割り当てるスケジューリングと実際の通訳だけでなく、通訳機材を管理する役割も担う。重要な会議がバッティングすると、通訳者も機材も足りなくなるので、特定の役員についている課外の通訳者や、グループ会社の通訳者にも協力をお願いしたり、時にはフリーランスの通訳者を派遣してもらったりして、仕事を調整している。課の業務を管理するだけでなく、役員ごとに異なる癖《くせ》や要望を把握《はあく》して通訳者にアドバイスをしたり、逆に通訳がしやすいように、担当課に事前資料の提供や、通訳者の座る位置の配慮を求めたりするのも伊藤さんの大事な仕事だ。

業界全体では、社内通訳として実績を積んだ後、幅広くいろんなジャンルの仕事をこなせるフリーランスに転じる通訳者が少なくないなかで、伊藤さんはあくまでもビジネスの現場と、社内通訳という働き方にこだわり続けている。それは、「内部の人間だからこそ分かる、中身の部分を訳したいから」だという。

「どんなに優秀な通訳者の方でも、内情を知らなければここまでは訳せないだろうというそのレベルまで入り込んだ通訳をすることが喜びなんです」

会社の一員として所属する以上、人間関係にも気を配らなければならない。通訳だけに集中したい人にとっては、煩わしいことかもしれないが、人間関係も含め、社内の状況をしっかり把握したうえで訳出できるところに、社内通訳の魅力があるという。

一つの会社で長く勤めるほど、事業内容や役員の性格などが把握でき、仕事はやりやすくなる。一方で、慣れると頑張らなくても仕事が回せるようになる分、通訳スキルを向上させるためには自分で努力することが欠かせないという。伊藤さんの場合は、小学校時代の米国滞在を除いては、ずっと日本で生活してきたため、意識して英語力を維持するように努めてきた。自身の経験から、生の英語を聞いたり読んだりして、常に単語や表現のインプットを継続することが特に重要だと指摘する。

「好きな本でも映画でも、とにかくインプットをやめないことが大切です。なぜなら、インプットしていない単語や表現がアウトプットとして出てくることは絶対にないからです。英字新聞を読んで、難しくて挫折してしまうくらいなら、『ハリー・ポッター』でもなんでもいいので、好きな本を読み続けることをお勧めします」

ビジネス通訳を目指す人には、「積極的に、いろんな業界を経験してみてほしい」とアドバイスを送る。長く勤めて、その業界についての豊富な知識を得ることも財産になるが、特に若いうちは、いろんな会社でいろんな上司と働いてみることで、自分の得意分野や、人間関係のコツを身につけることができると感じるからだ。

「転職を何度も繰り返すことには、もちろんリスクもあります。でも、仕事を続けているなかで、「これはチャンスかも」と感じる瞬間がきっとあると思うんです。若いうちならリスクを取っても絶対に何とかなるので、目の前のチャンスをぜひつかんでほしい。技術の習得さえ怠らなければ、会社はどれだけ変わっても大丈夫だと私は思っています」

実際に、いま通訳課で働いているメンバーを見ても、いろんな業界や会社で経験を積んできている人が多いという。業界を見渡しても、ビジネス通訳として活躍している人のなかには、総合職として一般企業に勤めた後、通訳学校で学びなおし、転職する人が少なくない。また、これまで日本では、通訳になるためには通訳学校に通うのが一般的だったが、国内外の大学や大学院で学ぶ人も増えてきており、学びの選択肢も増えつつある。

「どんな経験でも、仕事を続けていくうえで役に立つことがきっとあります。興味を持ったら、まずは飛び込んでみてほしいですね」

医療通訳▼▼▼

「地域で生活する外国人の医療ニーズに応えたい」

Interpreter ● Koukou Miki

医療現場で医師と患者の橋渡しを続ける

三木《みき》紅虹《こうこう》さん

現代の日本には、かつてないほど多くの外国人が暮らしている。法務省の発表では、二〇一五年末現在、在留外国人の数は約二二三万人。東日本大震災の影響もあっていったん落ち込んだが、ここ数年は増加傾向にあり、過去一〇年間で三〇万人以上増えた。国別では中国が約六七万人で最も多く、韓国の約四六万人、フィリピンの約二三万人、ブラジルの約一七万人が続く。

北京出身の医療通訳者、三木紅虹さんの住む神奈川県は、全国で東京、大阪、愛知に次いで在留外国人が多い。三木さんが通訳兼コーディネーターを務めるＮＰＯ法人「多言語社会リソースかながわ(ＭＩＣかながわ)」には、二〇一五年度末現在、中国語、スペイン語、ポルトガル語、韓国・朝鮮語、タガログ語、英語、タイ語、ベトナム語、カンボジア語、ラオス語、ロシア語の一一言語、約一八〇人の医療通訳者が在籍。提携する約七〇の病院の依頼に基づき、外国人が母語で外来診療や入院・手術を受けられるようにサポートしている。

三木さんはもともと、北京医科大学の歯学部(のちの北京大学口腔医学院)で学んだ歯科医だった。大学を卒業した一九八〇年代の中国では、大学の学費はかからない代わりに、卒業後の就職先は国が決める仕組みになっていた。配属された大学病院は、西洋医学よりも中医学を重視していたため、「もっと自分の専門を磨きたい」と留学を決意。知り合いがいたこともあり、二五歳のときに来日した。

アルバイトをしながら、日本語学校に一年ほど通い、東京医科歯科大学へ。二年間、授業を聴講する専攻生として通ったあと、奨学金を得て正式に大学院に入り、計六年かけて歯学博士号を取得した。このままいけば研究者、あるいは国家試験を受けて歯科医という選択肢もあったはずだが、三木さんにはそうできない事情があった。学費を捻出するために講師として中国語を教えていた企業で出あった、のちの夫が、台湾、続いて広州に転勤となり、博士課程修了後すぐに、三木さんも中国に飛ばなくてはならなくなったからだ。

「本当は中国でも、自分の専門を生かして働きたかったんですけど、すぐに二人続けて妊娠してしまって。その間は全く働くことができませんでした」

しかし、「ずっと家にいてもつまらないから」とはじめた在宅翻訳の仕事を通じて、日本語力を維持したことが、のちに功を奏すこととなる。

広州で二年暮らした後、さらに二年ほどの日本暮らしを経て、今度は一家で北京に住むことになった。このときには、下の子どもがすでに保育園に入れる年齢に達していた上、北京は地元で、同級生や知り合いも多かった。歯科診療所を開業した知人に誘われ、すぐに、歯科医として働くことができた。

思わぬ幸運は、日本語ができたこと。北京には日本人駐在員も多く、三木さんの存在を口コミで知って、その妻や子どもたちが大勢来るようになった。その後、夫の転勤で大連に移ってからも、歯科医の仕事を継続。この間の経験を通じて、治療の現場における言語の重要性に気づいたことが、のちに医療通訳者を志すきっかけとなった。

北京と大連での七年間の駐在を経て日本に戻ったときは、すでに四〇歳を超えていた。歯学部を卒業すれば歯科医として働けた中国とは違い、日本で歯科医になるには、日本の

国家試験に合格する必要がある。二人の子を抱え、「いまさら、とてもじゃないけど試験勉強はできない」と考えた三木さんは、「医療知識と語学力を生かせるような仕事はないか」と考えるようになった。

臨床以外の研究職として就職する道もあったが、三木さんは自分のこれまでの体験から、地域の外国人の役に立ちたいと考えていた。

「日本に留学に来た当初は、言葉や文化の壁にぶつかって苦しい時期もあったんですが、その後はわりと順調で、日本で生活することにそんなにストレスは感じていなかったんです。でも、しばらくぶりに過ごした中国での暮らしは、すごく緊張がほぐれて、精神的に楽だった。その時はじめて、自分もやっぱり日本では緊張して暮らしていたんだってことに気づいたんです。日本に戻って、その緊張感をなくすにはどうしたらいいんだろうと自分なりに考えたときに、自分の住んでいるところに、何かあったときに頼れるネットワークがあることがすごく大切なのではないかと考えました」

そこで、まずは地域でボランティア活動をはじめようと、横浜市内にいくつかあった「国際交流ラウンジ」の一つにボランティアとして登録した。そこでは、国際交流イベントの手伝いや、外国人に日本語を教えるといった活動のほかに、特定の語学ができる人には、通訳翻訳ボランティアの機会が提供されていた。最初は、学校の保護者面談や健康診断の付き添い、区役所での手続きの補助といった、比較的難易度の低い通訳からはじめて、経験を積んでからは、横浜市の国際交流協会からの依頼を受けて、法律相談のような、より専門的な内容も扱うようになった。

「いろんなボランティアをしましたけど、私はもともと医療通訳がやりたかったので、ずっとその機会を探していました。そうこうしているうちに、たまたまＭＩＣかながわが発足して、医療通訳者の募集をはじめたと聞いて、すぐさま応募しました」

二〇〇二年の発足当時、MICかながわが募集した言語はスペイン語、ポルトガル語、中国語、韓国・朝鮮語、タガログ語の五つ。運よく採用となったものの、新しい取り組みだったこともあって、なかなか中国人コミュニティに情報が行きわたらず、当初は週に一回声がかかるかどうかだった。

そのためか、最初の現場はいまでもよく覚えている。初心者向けの座学の講義とロールプレーのシミュレーションを終えたうえで、先輩と一緒に訪れた横浜中央病院。通訳を必要としていたのは、中国人の眼科の患者さんで、白内障の手術をするタイミングについての相談だった。先輩通訳のそばで、医師と患者のやりとりを聞いていたが、医学の基礎知識があったので、さほど難しくは感じなかった。

二度目の現場は、済生会神奈川県病院で、胃がんの入院患者の術後の説明と栄養指導だった。このときは、先輩が見守るなか、自分が実際に通訳をすることになっていたが、予想以上に苦戦した。

「患者さんへの説明は、日本語から中国語なので、母語に訳すわけだから大丈夫だと思っていたんですね。ところが、運悪く、その患者さんが香港の人で、広東語しか話せないと分かって。こちらが話す標準語は、ゆっくり話せば大体分かってくれるんですが、向こうの発音はすごく訛《なま》りが強くて、何度も聞き返さなくてはなりませんでした。通訳にはこういう難しさもあるんだなって実感しました」

その後、中国語の依頼は徐々に増えていき、多いときは一日数件、ほぼ毎週という忙しさになった。MICかながわの場合は、原則として、事前に協定を結んでいる病院からの依頼でのみ、通訳者を派遣するため、仕事はまず、病院から連絡が来るところからはじまる。時間と場所、患者の状態にまつわる情報が提供され、言語ごとのコーディネーターが空いている通訳者を割り当てる。余裕のあるときは、二週間ほど前に連絡が入るので、提供された情報をもとに、症状や治療法についてあらかじめ調べておくことができるが、緊急の場合は翌日、あるいは当日の依頼もあるという。

例えばあるとき、MICかながわに、小田原市内の病院から緊急の連絡が入った。南京市から旅行で来ていた七〇代の男性が、くも膜下出血で倒れたので至急来てほしいとの依頼だった。たまたま空いていた三木さんが横浜から二時間かけて駆け付けたところ、患者は緊急手術を受けたところで、一緒に旅行中だった日本語の全く分からない娘さんが、泣きながらパニックを起こしていたという。医師から、「患者は厳しい状態で、いつ亡くなってもおかしくない」と告げられたため、そのことを娘さんに訳して伝え、中国にいる家族に連絡を取るように促した。

「娘さんにとってみれば、父親が倒れたことは分かるけど、どういう病気なのかは医師の説明がないと分からない。お医者さんの方も言いにくそうに話すし、訳している私も辛い。それでも、伝えにくいこともきちんと伝えるのが、通訳者の責任なんです」

旅行者の場合には、保険に入っているかどうかも重要な確認事項になる。海外旅行保険に入っている場合でも、どの範囲が補償されるのか確認しなければならない。治療を受けただけの場合と、死亡した場合の扱いは異なるが、家族の心情を思うと、どのタイミングで尋ねるのかは難しい判断となる。結局、この患者は二日後に亡くなったが、必要な手続きはうまく行き、家族も無事臨終に間に合った。

通訳者が呼ばれる現場は、緊急入院の場合もあれば、予定された検査や手術、出産まで幅広い。病院からは、「妊娠三〇週くらいの妊婦さんの妊婦健診です」「糖尿病の患者さんで、血糖値のコントロールがうまくいっていないので、受診されます」といった程度の情報しか提供されないことが多く、自分で妊婦健診の検査項目を調べたり、血糖値のレベルとそれにともなう病状の変化について一通りの知識を得たりと、与えられた時間で事前準備をすることになる。それでも、三木さんの場合、一般的な病気であれば、ある程度これまでの知識で対応できるが、特殊な病気だったり、なじみのない治療法や薬などが用いられたりする場合は、事前準備をしても追いつかないこともあるという。

「中国語の場合は、漢字で書かれたものは訳しやすいんですが、一番困るのがカタカナ語なんです。例えば、最近増えている不妊治療の場合だと、ホルモンの検査がいろいろあって、ホルモンの名前がすべてカタカナでなかなか覚えられない。常に事前に調べるようにはしていますが、中国語の通訳にとって、(もともと日本語ではない外来語である)カタカナ語の訳は一番手ごわいものです」

医療通訳には、知識だけでなく、高度な通訳技術も必要だ。MICかながわには、通訳を行う際の十か条の心得があり、訳出においては、「足さない、引かない、変えない」という原則を守ることが厳しく求められている。人間の命にかかわることだけに、つい感情移入したり、自分の考えを織り交ぜたりしてしまいそうだが、それをせずに、正確に訳しきるためには、高いレベルのスキルが要求される。三木さん自身、医療通訳者になってから、通訳能力向上の必要性を感じ、民間の通訳学校に通い直したほか、自らも講師として、通訳者の育成に携わるなかで、スキルアップを図ってきた。

ただ、実際の現場では、スキルだけでは補えない問題に遭遇《そうぐう》することも多い。例えば、患者本人に対するがんの告知は、日本では当たり前に行われているが、中国ではまだ本人に直接告知することに強い抵抗がある。あるとき、三木さんは一〇代の患者ががんと宣告された場面で通訳を担当したが、医者がはっきりとがんであることを告げたため、そのまま訳したところ、その子の母親から「なんで子どもの前でそんなこと平気で言うんですか！」と猛烈な抗議を受けた。まだ高校生くらいだったので、自分としてもなるべく柔らかい表現を心がけたつもりだったが、母親の指摘に改めて文化の違いに気づかされたという。

その時は、後日、子ども抜きで今後の治療方針を相談する場を設けてもらうように病院側に打診するなど、アフターケアをしたが、医療の現場ではこのような倫理上の問題が付きまとう。三木さんは、こうした難しい問題を抱える医療通訳者という仕事を理論と実践の両面から見つめなおすため、二〇一〇年度に東京外国語大学が社会人向けに開講した「多言語・多文化社会専門人材養成講座」の「コミュニティ通訳コース」にも一期生として参加し、学びを深めた。

能力を高め、見識を深めるだけでなく、医療通訳者は、自らの体調も厳しく管理しなければならない。ただでさえ、何らかの不調を訴えている患者に付き添うのだから、通訳者が風邪をひくなどして、患者にうつしてしまうようなことがあっては、支援どころか逆に迷惑になってしまう。自覚症状がなくても、例えば、新生児の病棟に立ち入る必要がある通訳を担当する場合は、治りかけの口唇《こうしん》ヘルペスのように、大人相手の通訳なら問題がないような場合でも、しっかり自己申告をして、ほかの人に代わってもらう配慮が求められる。

このように、高度な知識だけでなく、高い倫理観や自制心が要求される仕事にもかかわらず、医療通訳者の報酬は一般的な会議通訳者に比べるとはるかに少ない。ＭＩＣかながわの場合、三時間ごとに三〇〇〇円が支給される仕組みだが、交通費も込みなので、時給に換算すると一時間一〇〇〇円に満たない場合がほとんどだ。通常の診療であれば、二時間以内に終わることが多いが、緊急に家族の同意を取らなければならない場合に備えて、手術中もずっと付き添わなければならないときなどは、七時間以上かかることもあり、体力と同時に時間にも余裕がなければ務まらない。

「その意味で、いま一番困っているのは、ベトナム語やタガログ語などの通訳の確保です。希少言語だから、日本人でできる人が少ない。ゆえにネイティブに頼るしかないんですが、ベトナム人は、生活のために忙しく働いている人が多くて、とても手が回らない。日本人と結婚して主婦になっている割合が高いフィリピン人女性でも、やはり何かしら働いている。ほとんどボランティアにしかならないような仕事をしている余裕はないんです」

医療通訳者の派遣制度は、まだ整備の途上で、ＭＩＣかながわのようなＮＰＯ法人がある自治体も限られている。医療通訳だけで生計を立てていくのはまだまだ難しいのが現状だ。それでも、医療関係の仕事に携わった経験のある人や、自分の家族が過去に大病をしたり、現在も病気を抱えていたりする人のなかには、医療行為そのものに関心が高く、患者やその家族を支えたいとの思いから、医療通訳者になりたいと考える人が少なくないという。

これから目指したいという人に、三木さんは「最初は医療以外の分野でもいいから、簡単な内容からはじめて、通訳という作業になれること」を勧める。また、がんの告知の場に立ち会う場合のように、デリケートな配慮が求められるケースも多いので、大学を卒業していきなり目指すよりは、社会経験を積んでからの方が、落ち着いて対処できる可能性が高まるのではないかと指摘する。

時には手術室に入って通訳をすることもあるため、大量の血や、生の臓器を見ても冷静に対応できる度胸も必要だ。女性でも、例えば男性の前立腺の手術に立ち会わなければならないこともある。

「私はおばさんだし、いいやと割り切っていますが、若い女性だと抵抗があるかもしれません。でもこちらが動揺すると、患者さんはもっと動揺する。どんな場面でも、通訳者として、医療関係者の一人として、きちんと振るまえるかどうかが試される仕事です」

❖コラム　コミュニティ通訳

コミュニティ通訳とは、地域に暮らす外国人が言語の壁による不利益を被《こうむ》らないように、日常生活の様々な場面においてサポートするための通訳である。本書でも紹介している「医療通訳」や「司法通訳」に加えて、出産から教育、介護に至るまで、各種の行政サービスの担当者と外国人住民を橋渡しする「行政通訳」、さらには、聴覚障害を持つ外国人を対象とした手話通訳や、災害時に被災した外国人をサポートするための通訳など、多様な形態がある。

コミュニティ通訳を担う通訳者には、ほかの分野と同様に高い語学力と通訳技術、分野ごとの背景知識が求められるだけでなく、異文化に対する十分な理解と配慮が欠かせない。一般的に、国際会議やビジネスの場面においては、その場で話される内容にある程度精通した者同士が、専門的な議論や交渉を行うことが想定されるが、コミュニティ通訳の場合は、対象者も子どもから高齢者まで幅広く、必ずしも自らの必要とする支援の中身について十分に理解しているわけではない場合が多い。医療従事者や司法関係者の使う専門用語を、分かりやすくかみ砕いて説明するのはもちろんのこと、対象者の文化圏の慣習や宗教上の制約も熟知したうえでの対応が必要となる。また、直接的な表現を好むのか、婉曲的《えんきょくてき》な言い回しの方が伝わりやすいのかといったコミュニケーション・スタイルを把握《はあく》しておくことも求められる。

コミュニティ通訳のもう一つの特徴として、基本的人権と密接にかかわる分野でコミュニケーションの仲介役を務める性格上、大きな責任を負うと同時に、高い倫理観が求められるという点が挙げられる。例えば、医療通訳の現場では、患者の訴える症状を正確に医師に伝えられなければ、患者の命が危険にさらされることもありうる。法廷では、通訳者が訳した内容が、被告人の発言として記録され、裁判官が判決を下す際の重要な材料となる。行政サービスにおいても、窓口で適切な申請ができなければ、支給されるはずの保険金や年金が支払われない可能性も出てくる。学校でも、三者面談で子どもや保護者の主張を十分に伝えられなかったために、いじめが見過ごされてしまうような不幸な事態も生まれうる。
　こうした重要な役割を担っているにもかかわらず、日本では質的にも量的にも、コミュニティ通訳が十分に確保できていないのが現状だ。一定以上の報酬が安定的に得られる会議通訳やビジネス通訳などとは違い、コミュニティ通訳の報酬体系は地域や管轄する団体によってばらつきがあるだけでなく、総じて低めで、ほとんどボランティア状態という例も多く見られる。外国人住民の増加が今後見込まれるなか、官民一体となった対策が必要とされている。

参考文献

水野真木子・内藤稔『コミュニティ通訳　多文化共生社会のコミュニケーション』みすず書房、二〇一五

司法通訳▼▼▼

「私たちの仕事は、人権を守るためにある」

Interpreter ● Mari Momoki

二〇年以上、裁判関係のスペイン語通訳を続けている

桃木《ももき》真理《まり》さん

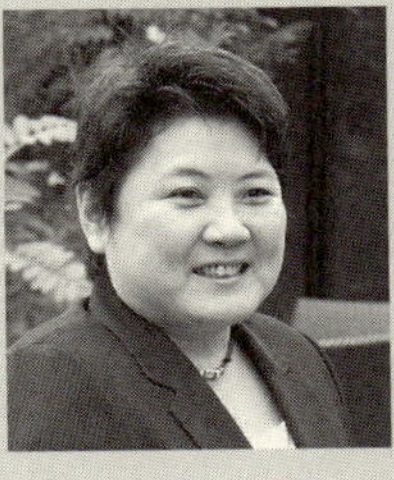

日本に滞在する外国人が増えるにつれ、外国人が日本で逮捕されたというニュースを聞くことは、もはや珍しくなくなった。しかし、逮捕された彼らがその後、裁判を経て、どのような処罰を受けたのかを知ることは、限られた大事件の場合を除いてほとんどない。麻薬の密輸から万引きまで、ニュースにも取り上げられない数多くの事件を、桃木真理さんは二〇年以上にわたり、スペイン語通訳者として見守ってきた。

スペイン語はメキシコ仕込み。画家だった父に連れられ、生後七か月からブラジル、米国と渡り歩き、五歳のときにメキシコ第二の都市・グアダラハラへ移住した。最初に覚えたスペイン語は「鐘《かね》」を意味する「カンパーナ」。現地の幼稚園に通いはじめた初日、早く帰りたくて、帰宅の合図の鐘を待ちわびている間に覚えた。飲み込みが早く、「一週間後には友達と普通にけんかしていました」。その後も、日本とメキシコを行ったり来たりしながら、高校卒業までを過ごし、ネイティブ並みの語学力を身につけた。

高校卒業後は、日本語力の低下を懸念した母親の勧めもあり、上智大学文学部の哲学科に入学。「哲学科だったらたくさん本を読むだろうから」というのが、その理由だった。おかげで日本語力もある程度戻ってきたところで卒業を迎え、スペイン系の銀行の東京支店に就職した。当時はバブルで、就職先はいくらでも選べる状態だったが、学生時代から付き合っていたのちの夫の内定先に近いからと、この銀行を選んだ。輸出入や為替などを担当して、四年ほど勤めたのち、結婚のために退職。一時期メキシコに戻った後、日本に帰国して結婚した。

「結婚してからも、仕事はしたかったんですが、銀行の仕事は朝早くから夜遅くまでとてもハードで。睡眠もあまりとれない状態だったので、ほかの仕事がしたかったんです」。紹介される仕事は金融ばかりだったので、それ以外で何ができるかと考えたときに、学生時代からアルバイトでやっていた通訳はどうかと思いついた。

「大使館の知り合いの紹介だったり、母のメキシコ時代の友人のつてだったり、学生のころから結構声をかけてもらって通訳をしていたんです。大学の四年間は、語学学校でスペイン語を教えるアルバイトもしていたので、その経験を生かそうと考えました」

通訳を派遣するエージェント数社に登録し、フリーランスの通訳者として働きはじめた。子どもはいなかったので、出張もバリバリこなし、観光からビジネスまで、なんでも手がけた。しかし、ほどなくして、偶然舞い込んだ法廷通訳の仕事が、その後のキャリアの方向性を大きく変えることになる。

「日本在住のペルー人が、道路交通法違反と窃盗《せっとう》の罪に問われた裁判でした。電化製品を盗んだ後、止まっていた車を無免許で運転して逃げて、あせって事故を起こして捕まった、という事案だったんですが、右も左も分からないまま裁判所に呼ばれて、緊張しながら通訳をしたのをいまでも覚えています」

司法通訳のなかでも、実際の公判を通訳する法廷通訳の場合、現在は地方裁判所ごとに「通訳人候補者」がリストアップされていて、そのリストをもとに直接裁判所から問い合わせがくる仕組みになっている。しかし当時はまだそういう制度が確立されておらず、民間のエージェント経由で、未経験の桃木さんに声がかかった。このときはたまたまだったが、ときは折しも中南米からの出稼ぎブーム。定住者ビザを持つ日系人や、日本人と結婚した中南米人が増えはじめたころで、それに伴い、出生証明書やパスポートを偽造して日本で違法に働くケースが増え、不法滞在者や不法就労者の裁判が後を絶たなかった。そうした裁判を数百件こなすうちに、名前を覚えられ、「法廷通訳人」として認知されるようになった。

それでもしばらくはニュースの映像翻訳や、日系人の労働相談のサポートなど、ほかの仕事も並行して請《う》け負っていたが、二〇一〇年にアエロメヒコ航空がメキシコから日本への直行便を増やすと、様相が一変した。東日本大震災後の混乱も手伝って、麻薬を隠し持ったメキシコ人が大量に成田に降り立つようになり、覚せい剤取締法違反で次々と検挙される事態に。営利目的の密輸は、裁判員裁判の対象となるため、公判期間も長い。被告人が否認した場合、一年以上かかることもあり、それらを請け負っているうちに、いつしか裁判関係の通訳がほとんどという状態になったという。

「例えば一か月のうちに四件、裁判員裁判があるとすると、実際の公判だけでなく、事前の弁護人による接見や、家族との打ち合わせなど、びっしり予定が埋まってしまいます。事前に争点を整理する公判前整理手続きに被告人が出たいと言えば、それも通訳する。とにかく毎日どこかで被告人に会っている感じです」

多くの案件を同時並行で抱える桃木さんの場合、特に接見に取られる時間が長い。午前中に東京都葛飾区の東京拘置所で接見した後、午後は成田空港の空港警察署に行くなど、日々転々としているという。接見の時間は一時間から長くて三時間。東京都江戸川区の自宅から、公共交通のほか、オートバイや自家用車も使って通うが、どうしても移動に時間がかかるため、接見だけで一日が終わってしまう日も多い。通訳人候補者として登録されている東京地方裁判所よりも件数が多いのは、麻薬の密輸事案を多く扱う千葉地方裁判所で、ほかにも埼玉、神奈川など首都圏だけでなく、群馬や茨城、新潟まで遠征することもあるという。

裁判所で通訳をするときには、特段事前の打ち合わせなどはなく、裁判所に直接出向き、法廷の所定の位置に着席する。刑事事件の場合、検察側の冒頭陳述などは事前に資料としてもらえるので準備をしたうえで臨《のぞ》み、トランシーバーのような簡易通訳機器を使って、被告人に同時通訳する。検察官や弁護士とのやりとりは、法廷全体に聞こえるように、マイクを使って逐次《ちくじ》通訳で訳す。どんなに長くなっても、通常通訳者は一人で訳出を行い、交代要員はいない。

ほかのジャンルの通訳との一番大きな違いは、「すべてを一言一句そのまま訳さなくてはならないこと」だという。

「例えば、検察官に「年はいくつですか」と聞かれて、被告人がスペイン語で「トゥレインタ・イ・スィンコ(三五)」とだけ答えたならば、「三五歳です」ではなく、「三五」と答えなければなりません」

被告人の答えを丁寧に訳しすぎると、裁判官や裁判員の印象が変わってしまい、ともすれば判決に影響が出る可能性があるからだ。

とはいえ、単に機械のように訳せばいいというわけでもない。ある麻薬密輸事件の裁判で、弁護人が読み上げた共犯者の供述に、被告人男性がいつも「ボロボロの服を着ていた」

というくだりがあった。しかし、ボロボロというのは、貧しさからみすぼらしい恰好をしている意味なのか、それとも建設作業員である被告人の汚れた服装のことを言っているのかで、受け取り方が多少なりとも変わってしまう。このときは、前後の文脈から後者だと感じたため、弁護人に許可を取って、表現を付け足した。

自分の誤訳に気づいたら、直ちに訂正することも重要だ。例えば、検察官が質問した三つの点に関し、被告人がすべて答えているにもかかわらず、自分が二つしか訳せなかったとする。検察官から再度同じ質問があって、自分が訳しそこなっていたことに気づいたとしたら、「すみません。その質問の答えは、さきほどの被告人の答えにありました。訳漏れです」などと速やかに訂正しなければ、被告が意図的に答えなかったと受け取られてしまいかねない。あるいは、複数の意味がある単語の場合、被告人が意図しているのが別のことだと訳している途中で気づいたなら、「すみません、先ほどから私は○○という単語を××と訳しておりましたけれど、△△に訂正させてください」などと申し出ることが求められる。

このような事態を極力避けるためにも、「とにかく語彙《ごい》を増やすことが重要」と桃木さんは言う。裁判の場では、「見かじめ料」(暴力団が飲食店から徴収する用心棒代)のように、聞きなれない用語が頻繁《ひんぱん》に出てくる。現場に電子辞書を持ち込むことはできるとはいえ、裁判中に単語を調べる時間はなかなか取れない。どうしても意味が分からないときは検察官なり、裁判官なりに聞きなおすことも許されるが、言葉に詰まって訳せないという状態に陥ってしまうと、通訳者に対する信頼にも傷がつく。「何を言われてもすぐに訳せるように、日ごろから練習しておくことが大切です」

おすすめの練習法は、日本語のニュース番組を聞きながら、アナウンサーが話すことをすべてその場で同時通訳すること。「話しはじめからどんどん訳していくと、そのうちに、必ず言葉に詰まるところが出てくる。その訳せなかった言葉や表現を調べて訳せるようにするのが、非常に効果的です」

桃木さんがこの練習法を思いついたのは、メキシコに住んでいた高校生時代。当時、日本のアニメの「キャンディ・キャンディ」の吹き替え版が放送されていたが、何かのきっかけに放送が中止になってしまった。楽しみにしていた現地の友人に頼まれて、日本語版のビデオを流しながら、その場でセリフを全部スペイン語に訳して聞かせてあげた。「みんなが、「面白い！　もっと聞かせて！」と喜んでくれるのが嬉しくて、大勢集めて、紙芝居のように上映会をやっていました」。このとき、「いろんな言葉が話せるって楽しいな」と感じたのが、いま思えば通訳者という職業を選んだ原点だったという。

また、スペイン語と一口に言っても、国によって少しずつ違うため、中南米の異なる国々の言い回しに触れる機会も、意識的に持つようにしている。いまは、インターネットを使えば、各国の新聞社などのニュースサイトを無料で見られるので、何か話題になっていることがあれば、慣れ親しんでいるメキシコのスペイン語だけではなく、アルゼンチンやコロンビアなど、ほかの国ではどう表現しているのかをチェックするようにしているという。さらに、ニュースでは出てこないスラング(俗語)も、国ごとに違うため、接見の際に被告人が使ったスラングは直接本人に意味を聞いて、なるべく近い日本語表現を考えておくようにしている。

もちろん、必要なのは語彙力だけではない。司法通訳として長く働き続けるためには、場数を踏むことが有効だ。桃木さんの場合、最近でこそ裁判関係の通訳が多いが、以前は警察官や検察官による取り調べの際の通訳を担当することもあった。また、刑事事件だけでなく、家賃滞納者のアパートの立ち退きや、日本人女性と中南米人男性の間の離婚の調停など、民事も幅広く経験した。司法通訳になりたてのころは、「毎回ガチガチに緊張していた」が、二〇年以上たったいまでは、法廷で知り合いを見つけたら、会釈ができるくらいの余裕ができ、即興でも、ある程度自分らしい通訳ができるようになった。

経験を積むほど、独特の用語にも慣れ、落ち着いて対応できるようになるのは事実だが、それでも、自分の通訳が誰かの人生を直接左右しかねないだけに、プレッシャーは大きい。そのためにも、なるべく接見のときに、相手のコミュニケーションのスタイルや、話し方の癖《くせ》、さらには弁護人の弁護方針など、様々な情報を吸収して、法廷での訳出選択の精度を上げるように心がけている。

地道な努力も欠かせない。例えば、判決の日に裁判官が読み上げる判決文は、事前にもらうことができないので、あらかじめ書記官に、大体の予定枚数を聞いておいて、五枚くらいなら、開廷一時間前、二〇枚近くあるような場合は、朝一番に裁判所に駆けつけて、その場で見せてもらい、訳を考える。裁判所が作成した資料は全部返さなければならないので、時間と戦いながら、メモを取り、訳をひねり出す。

きっかけは偶然ながら、長年にわたって司法の現場で通訳を続けてきた理由については、「なんだかんだ言って、昔から小説でも、テレビでも、法廷ものが結構好きだったというのはあると思います」と振り返る。正義を求めて、法廷の場で戦う検察官や弁護士の姿にあこがれていたが、「自分にはなれない、無理だ」という思いがあった。「だから、通訳として法廷に入れた時はとても嬉しかった。結局、この場にいるのが好きということなのかもしれません」

ただ、司法通訳だけで生計を立てていける人は少数派だ。コミュニティ通訳(司法、医療、行政など)のなかでは、比較的報酬単価は高いものの、例えば法廷通訳の仕事なら、最初の一時間が一万五〇〇〇円前後、その後は一〇分ごとに一〇〇〇円前後といった具合で、実働時間が短ければ、半日・全日単位で通訳料が支払われる会議通訳の半額程度にしかならない。交通費は実費が支払われ、数千円の日当も出るが、移動にかかった時間は原則的に考慮されない。また、通訳料は通常一つの裁判の通算の通訳時間を足し合わせて計算されるため、何日も稼働しても、一回ごとの通訳時間が短ければ、数時間分の通訳料にしかならないこともある。さらに、通訳料や支払いのタイミングは裁判所が個別の事件ごとに決めるため、いつ、いくら支払われるのかは、事前には分からないことが多いという。

それでも司法通訳を目指したいなら、基本的な知識と通訳スキルだけでなく、「ある程度の度胸が必要」と桃木さん。自分も最初のころは、訳せなかったらどうしようとの思いから、事前に提供された資料には全部あらかじめスペイン語訳を書き込んで、ただひたすら読み上げていたという。しかし、ある時、ただ前もって準備したものを朗読するのは通訳ではないと気づき、それ以降は、難しい単語などは調べておくものの、前もって訳をつけるのをやめた。勇気がいることだったが、逆に、その場の発言の一つ一つにより集中するようになり、自分の思ったような訳出ができる機会も増えた。

もう一つ、大事だと思うのが、感情に流されない「芯の強さ」だ。何度も接見している被告人の場合、自分の窮状《きゅうじょう》を切々《せつせつ》と訴えたあげく泣き出したりすると、思わず涙腺が刺激されて「うるっとくる」ことがあるという。それでも、感情は表に出さず、冷静に、淡々と訳し切ることが、ほかの分野にも増して求められる。

ただし、冷静さと、冷たさをはき違えてはいけないと、桃木さんは指摘する。

「法廷で一番緊張しているのは被告人です。その被告人にとって、唯一話が通じる相手が通訳者なんです。その場で誰が何を話していたとしても、彼らは通訳された言葉だけに耳を傾け、頼っている。だから、なるべく分かりやすく、ゆっくり話して、本人の緊張を和らげてあげる。そういう配慮ができる人が向いているのではないかと思います」

通訳ガイド▼▼▼

「思ってもみなかったことに出あえるのが醍醐味」

Interpreter ● *Mariko Okada*

観光案内の域を超え、活動の幅を広げ続ける

岡田《おかだ》万里子《まりこ》さん

「通訳」という名の付く職業のなかで、唯一の国家資格が「通訳案内士」(通称・通訳ガイド)だ。お金をもらって外国人に付き添い、外国語で旅行案内をするために必要な資格で、二〇一五年四月一日現在、全国で一九〇三三人が有資格者として登録している。

年一回行われる試験では、外国語のほか、「日本地理」「日本歴史」「産業・経済・政治及び文化に関する一般常識」からなる一次試験(筆記)と、一次の合格者が受ける二次試験(口述)があり、二〇一五年度は一〇言語(英語、フランス語、スペイン語、ドイツ語、中国語、イタリア語、ポルトガル語、ロシア語、韓国語、タイ語)で一〇九七五人が受験、二一一九人が合格した(合格率一九・三%)。

英語通訳ガイドとして活躍する岡田万里子さんは、二〇〇九年度の合格者。週二回、通訳案内士受験専門の予備校に通い続け、四度目のチャレンジで合格を果たした。

「私はあまり要領がよくなくて、ものを覚えるのも遅い方なんですね。だから予備校にはずいぶんお世話になりました。いつまでも卒業しないので、先生には申し訳ない気持ちでした」

二三歳で結婚して以来、専業主婦として一人息子の子育てに専念していた岡田さんが、通訳ガイドを目指すようになったのは、転勤族の夫について、日本各地を転々としながら各地で参加したツアー旅行がきっかけだった。同じところに行っても、ガイドがいるのといないのでは、全く違う体験になる。特に、バスツアーの楽しさに魅せられ、「自分もこんな仕事ができるようになりたい」と思うようになった。

岡田さんが目を付けたのは、英語で外国人観光客を案内する「はとバス」のツアー。日本人とアメリカ人のハーフで、小学校三年生まで横浜のインターナショナル・スクールに通っていたこともあり、英語でのコミュニケーションには自信があった。ただ、調べてみると、英語のガイドになるためには、通訳案内士の資格がいるという。このころには、息子も手がかからなくなっていたため、それなら、と受験を決めた。

「まさか、あんなに大変な資格だとは思わなかったんです」

通訳案内士試験は一九四九年から実施されているが、注目を集め出したのは、ここ一〇年ほど。岡田さんが受験を思い立った当時は、まだ参考書も少なく、どこから手を付けていいかも分からなかった。独学はあきらめ、予備校に通うことにしたが、授業の難しさに初日からショックを受けた。

「一般常識の勉強をしていても、分からないことばかりで、「これが常識なら私はどれだけ非常識だったんだろう」と愕然《がくぜん》としました。私の場合は特に歴史が大変で。勉強すること自体にかなりブランクがあったので、中学校受験の参考書を買ってきて、一からやり直すような状況でした。幸い、息子もちょうど中学に入るころで、歴史が得意だったので、教えてもらいながら、一緒に勉強していました」

ところが、予想外に苦戦したのは、得意なはずの英語だった。英語試験に関しては、二〇一四年度から、TOEIC八四〇点以上などの基準をクリアすれば、免除されることになったが、岡田さんが受験した当初はそのような制度はなかった。実用英語技能検定(英検)一級保持者に関しては、二〇〇六年から免除になっていたが、英検一級自体も難関資格なので、通訳案内士試験のためにあえて受験するのは現実的ではなかった。さらに、問題も当時はマークシート形式ではなく、すべて記述式だった。

「幼いころから中途半端に英語ができたので、逆に文法の勉強がおろそかになっていたんです。ヒアリングは問題なかったんですが、作文問題では、わずかなミスでも減点されてしまうので、かなり苦戦しました」

記念受験だった一回目、準備不足が明らかだった二回目は、複数科目でロースコアを覚悟していた。だが、三回目の受験では、ほかの三科目は合格点だったにもかかわらず、英語だけが不合格。さすがにショックを受けたが、予備校の授業で集中的に文法を鍛え、長文問題対策で英語の構文を必死に覚えて、なんとか四回目で合格した。

念願の資格は手にしたが、本当の試練はそのあとに待っていた。試験に合格し、通訳案内士として登録されても、それだけで仕事が来るわけではない。予備校の紹介で、通訳案内士の事業協同組合である「全日本通訳案内士連盟」には加盟したものの、連盟が主催する有料の新人研修を数日受けた後は、自分の力で仕事を探さなければならなかった。

岡田さんもさっそく、旅行会社に片っ端から電話を掛けたが、「英語のガイドは充分間に合っています」「二、三年経験を積んでから来てください」とけんもほろろで、履歴書すら送らせてくれなかった。やむなく、直接契約はあきらめて、添乗員や通訳ガイドを派遣している会社に登録した。そこで勧められたのは、意外にもまず、添乗員の資格を取ることだった。

かつては、通訳ガイドは案内だけをし、添乗業務は添乗員がやってくれるという恵まれた時代があったそうだが、いまどきは、ガイドが何も知らずに案内だけをしに来て、「入場券はどうするんですか?」「支払いは誰がするんですか?」という状態では、旅行会社からも「使えない」とみなされてしまう。そんな説明を受けて、この時期に総合旅程管理主任者の資格を取っていたことが、のちのち大きく役立った。

最初に通訳ガイドとして声がかかったのは、派遣会社に登録して二か月がたったころ。てっきり、空港やホテルの送迎をして、都内の主要な観光名所をめぐるような、初心者向けのオーソドックスな旅行かと思ったら、夫の出張に妻が同行したというイギリス在住のフランス人夫婦で、夕方の会合まで、一日ハイヤーで自由に観光したいという話だった。「お客様と会ってから、相談して行きたいところに連れて行ってください」と送り出されたものの、こちらは初仕事で右も左も分からない。浅草や東京タワーではなく、「富岡八幡宮」に行きたいというので連れて行き、焦りながらも説明をしようとしたら、どうも型通りの説明には乗ってこない。逆に、「日本では男女の年収は違うの?」「日本人の女性は結婚したら仕事を辞めるの?」と夫人に質問攻めにあった。

「ガイドだから、観光案内をしなければ」と意気込んでいたのに、機先を制されて、あとは日常会話を楽しむ形に切り替えた。お昼も、ハイヤーの運転手と相談して候補を考えたが、結局は皇居東御苑のあたりを散歩しながら、夫妻が持ってきたリンゴを三人でかじって済ませることになった。

このときは驚いたが、通訳ガイドの仕事を続けるうちに、「観光地の説明はガイドブックを読めば分かるから、もっと日本の生の声を聞きたい」というお客さんが多いことに気づいた。失業率が何パーセントかとか、派遣労働者の割合がどのくらいとか、観光名所そっちのけで会話に夢中になる観光客は少なくないという。

「ガイドと一緒にいる良さっていうのは、その国の「表の顔」だけじゃなくて、ネガティブな面や、共通の問題について、話し合えることなんだと気づかされました」

こうして通訳ガイドデビューは果たしたものの、仕事がどんどん入ってくるというわけではなかった。そこで、同じ派遣会社を通じて、格安バスツアーの日本語ガイドの仕事を受けるようになった。特に研修はなく、自分でバスガイド教本を買い、バスの運転手にアドバイスを受けながら、見よう見まねで車窓からの案内もこなした。英語は必要ない日本語の仕事で、格安ツアーゆえにガイド料も低めだったが、同じルートを週に五回、六回と回るうちに、道を覚え、渋滞に巻き込まれてもお客さんを和《なご》ませる話術も身についた。

岡田さんの場合、添乗員の資格を取り、英語だけで

なく、日本語での仕事も請《う》け負ったことが、最終的に通訳ガイドとして生き延びることができた秘訣だったようだ。通訳ガイドの就業実態は厳しく、試験に合格しても、通訳ガイドとして生活できるのは一割程度といわれる。三年後も働き続けている人はさらに少なく、観光庁が二〇一三年に実施した調査によると、通訳案内業にかかわる年収が一〇〇万円未満という人が全体の約半数を占めた。「年間で五〇日働ければ多い方」といわれる業界にあって、岡田さんは年間一八〇～二〇〇件もの仕事をこなしている。

とはいうものの、常に順風満帆《じゅんぷうまんぱん》だったわけではない。単発の通訳ガイド案件をこなしながら、日本語バスツアーで二年ほど経験を積んだころ、東南アジアの学生の招聘プログラムに声がかかった。はじめての泊りがけの出張は、一二日間の北海道旅行。ベテラン添乗員からもノウハウを吸収し、これからはロングツアーもできると張り切っていた矢先に、東日本大震災が起きた。日本に来る観光客は、一瞬でいなくなった。

「震災後の一年間、仕事がまったくなかった人もいて、生活できないからと仲間が次々に辞めていきました」

岡田さん自身は、日本語バスツアーの仕事があったが、それでも自粛ムードで利用客は激減した。そんな折、同じバス会社が、東京に避難している被災者向けに、無料のバスツアーを企画し、岡田さんが添乗員をすることになった。最初はなんと話しかけていいのか戸惑ったが、着の身着のままで福島から避難してきた被災者がポツポツと語る身の上話を聞くうちに、自然と震災についての理解も深まっていった。

異例と思ったそんな経験が、すぐに生きることになる。震災からの復興を応援する国のプロジェクトの一環として、震災から一年たった被災地をアメリカ人学生と訪れるツアーが企画され、連盟の推薦で、岡田さんが通訳ガイドに抜擢《ばってき》された。まだ通訳ガイド需要が戻り切っていない時期に、毎月仕事がもらえただけでなく、被災者から話に聞いていた現場を、学生たちとともに実際に歩いて回ったことで、その後、震災のことを外国人から聞かれても、自分の経験として語れるようになった。

仕事が少ない時期は、「通訳ガイド以外の仕事はしたくない」と選り好みせずに、空港の送迎からイベント会場の受付まで、なんでも引き受けた。おかげで、震災後も、仕事が全くない月はなかったという。逆に、スケジュールに余裕ができたのをきっかけに、半年ほど通訳学校に通うこともできた。通訳ガイドは外国語で案内をするのが主な仕事で、誰かの発言をそのまま訳す、いわゆる通訳業務は通常行わない。それでも、現場で突然通訳を頼まれることは頻繁《ひんぱん》にあるため、この機会に学んでみようと思い立ち、挑戦した。プロの会議通訳者を目指す人たちが集う授業は厳しく、自分の力不足を痛感させられたが、通訳をするための準備の仕方などを学び、クラスメートたちから刺激を受けたことで、現場で通訳を頼まれても、以前ほど慌てなくなったという。

二〇一五年からは、連盟の募集を見て応募したアメリカの旅行会社のロングツアーも担当するようになった。全米で募ったシニアの観光客を十数人連れて、一三日から一九日かけて日本各地を回る。靖国神社や、広島原爆死没者追悼平和祈念館などもコースに入っており、第二次世界大戦というアメリカにとっても日本にとってもデリケートなできごとを通訳しなければならないこともあるが、現場の人に教えてもらいながら勉強し、精一杯こなしている。このツアーが年一〇回ほど入ったことで、生活はさらに安定した。

新規案件も開拓する一方で、こだわりをもって続けている仕事もある。例えば、かつて戦争捕虜だった外国人を日本に招聘するプログラムのガイド。観光とは違い、一〇日間くらいをかけて、かつての収容所跡地や、戦没者が眠る墓地などをめぐる平和交流事業だ。

ある年、このプログラムの最終日に、忘れられないできごとが起きた。成田空港での見送りの際、これまで日本が大嫌いだと言っていた高齢の元戦争捕虜の男性が、泣きながら、「来てよかった。これで僕は、誰かを憎しみながら死ななくて済んだ。人生が軽くなったよ。ありがとう」と言ってくれた。

「それを聞いて、自分も誰かのために役に立てたんだ、自分がいた価値があったんだと思えて。思わず一緒に号泣していました」

心を込めてアテンドしたツアーほど、帰国してからもお客さんとのつながりが続いている。ただ案内するだけでなく、人の人生にかかわれるのがこの仕事の醍醐味《だいごみ》だという。

二〇〇七年度をピークに、受験者数が減少傾向にあった通訳案内士試験だが、東京オリンピック・パラリンピック競技大会の開催が決まったことや、二〇一四年度からの英語試験免除枠の拡大によって、受験者は急増している。岡田さんが合格した二〇〇九年度の英語の合格率は一五・二%の難関だったが、二〇一三年度には合格率がはじめて三〇%を超えた。年齢、性別、学歴、国籍などに関係なく受験が可能なため、今後も受験者はさらに増えることが予想される。

通訳ガイドに向いているのは、「相手が何を求めているのかを一生懸命考えられる人」と岡田さん。どんなに知識が豊富で、語学に長《た》けた人でも、クライアントのニーズに合っていなければ、宝の持ち腐れになってしまう。

「こちらがどんなに準備をして臨《のぞ》んだとしても、歴史なんか知りたくないというお客様もいれば、写真を撮るのが趣味なので、そっとしておいてほしい人もいる。そうかと思えば、そばにいて、世間話の相手をしてくれるのが一番うれしいという人も少なくない。相手が何を求めているのかに合わせて、自分が提供できるものも変えられるような人が向いていると思います」

もう一つ大事なのが、チームワークだ。旅行には、通訳ガイドだけでなく、バスの運転手や添乗員、レストランやホテルのスタッフといった、大勢の人がかかわっている。クライアントから要望があったからといって、なんでも頭ごなしに要求していたのでは、長期的な人間関係は築けない。例えば、必ずといっていいほどクレームが出るのが、夫婦なのにツインルームだった場合。「別々に寝るなんて縁起が悪い。ダブルじゃないなら帰る！」と大騒ぎになることがよくあるという。ホテルに客室変更をお願いするにしても、そもそも日本のホテルは欧米に比べてダブルルームの部屋が少ないため、限界がある。

「そういうときは、ただこちらの要望を伝えるだけではなく、ホテルの人と協力して、ツインのベッドを近づけるとか、できることを考えます。お客様のことだけを考えていればいいわけではなくて、うまく調整することが必要です」。常に、協力的な態度で接することで、自分が困ったときにも、周りが助けてくれるようになるという。

通訳ガイドに年齢制限はないため、周りには七〇歳を超えてもまだ現役のベテランもいる。人生経験に裏打ちされた見事な対応ぶりを見ているうちに、「年齢を重ねたからこそできる接客がある」と思えてきた。「この人だから安心して頼める」という域に達するまで、体力的には厳しくなるだろうが、ライフワークとして続けていきたいと考えている。

「東京オリンピックまでは、外国人観光客も増えて、仕事も回ってくると思うんですが、本当の勝負はオリンピックが終わった後」と岡田さん。オリンピック景気が過ぎ去った二〇二〇年秋以降も、通訳ガイドとして生き残っていることが、当面の目標だ。

❖コラム　東京オリンピックとボランティア通訳

　東京各地とその近郊では二〇二〇年、七月二四日から八月九日にオリンピックが、八月二五日から九月六日にかけてパラリンピックが開かれる。サービス業や飲食・宿泊業、運輸業などあわせて二〇万人以上の人材需要が見込まれており、その一部はボランティアが担うことになると予想されている。

　想定されているボランティアは大きく分けて二種類。一つは、競技会場や選手村などで、競技運営や会場案内、大会関係者の輸送や警備などを行う「大会ボランティア」で、運営主体である東京オリンピック・パラリンピック競技大会組織委員会が二〇一八年夏ごろから募集する。もう一つは、主要空港やターミナル駅、観光スポットなどで海外から来る外国人観光客や日本の観光客に対し、観光案内や交通案内を行う「都市ボランティア」で、開催都市である東京都が募集する予定だ。

　こうした状況を背景に、開催の五年以上前から、都がボランティア希望者向けのシンポジウムを開催したり、大学が組織委員会と連携して講座を開いたりと、ボランティア動員に向けた動きが活発化している。例えば、関西、神田、京都、神戸市、東京、長崎、名古屋の七つの外国語大学は連合を組み、学生を対象としたボランティアセミナーを共同開催したり、参加者が登録できる人材バンクを設けたりと、様々な活動を展開している。

オリンピックの際に必要とされる業務は幅広い。来場者の案内から、グッズやチケットの販売、競技が行われる会場での運営補助や、大勢押し掛ける内外のメディアの対応まで、細かく分けると三千種類にもなるという。そのなかでも、語学を生かしたボランティアの花形ともいえるのが通訳だ。一般の観客だけでなく、選手や関係者、VIPゲストに至るまで、サービスを提供する対象や業務は多岐にわたる。

過去の大会でも比較的希望者が多い分野で、東京大会においても倍率は高くなることが予想される。そのため、いまから通訳案内士の国家試験を受けたり、ボランティア通訳としての実績を積んだりして差別化を図ることは、採用選考の際に有利に働くだろう。

話者人口の多い英語通訳の需要は当然高いが、応募者が殺到するため倍率も高くなる。

その点では、中国語、スペイン語、フランス語といった国連の公用語や、その他の少数言語が話せれば、チャンスも広がる。過去の大会を見ても、複数言語が話せることが、採用の決め手になった例も少なくない。二〇二〇年までには、東京を中心に、官民問わずいろんな研修やワークショップが開かれる。オリンピック後の活動の幅を広げるためにも、情報収集と積極的な行動がカギを握りそうだ。

参考文献

市居愛『オリンピックボランティアになるための本』インプレスジャパン、二〇一四

エスコート通訳▼▼▼

「回り道をしても、経験を生かせるチャンスは必ずあります」

Interpreter ● Yoko Murakawa

二人の子どもを育てながら、四〇歳でデビュー

村川《むらかわ》陽子《ようこ》さん

中国に抜かれたとはいえ、いまなお世界第三位の経済大国である日本には、観光以外にも、公的な訪問やビジネス目的で、多くの外国人が定期的に訪れている。空港に降り立った彼らを出迎え、ぎっしり詰まったスケジュールを遅滞なく、かつ快適にこなしてもらえるよう、言葉と文化の両面からサポートするのがエスコート通訳の仕事だ。

エスコート通訳と一口に言っても、その業務は幅広い。映画スターやスポーツ選手が来日した場合には、その分野を専門とする通訳者がエスコート通訳を兼ねる場合もある。一般的には、会議など、特定の場面でのみ通訳を行う会議通訳者などに対して、対象者に随行し、食事や買い物といった日常的な世話や、送迎を含むスケジュール管理を担う通訳者をエスコート通訳と呼ぶ。

この道一〇年の村川陽子さんが対象としているのは、主に国の招きで来日する外国の政府関係者や学者・有識者などの専門家。会議通訳者が担う会談や会合以外のすべての部分で、文字通り「エスコート」するのが役目だ。

一〇年以上専業主婦をしていた村川さんが、いまの仕事に就いたきっかけは、三〇代後半で受けた通訳案内士の試験だった。もともと英語が大好きで、計五年間のアメリカ留学経験もあったが、一人目の子どもの出産を機に勤めていた自動車部品メーカーを辞め、外で働くことからは遠ざかっていた。ところが、子どもたちが二人とも小学校に通うようになると、再び働きたいという気持ちがむくむくと湧いてきた。年齢的にも、普通の会社員に戻るのは厳しかったため、得意の英語を生かしてできる仕事を模索《もさく》するうちに、昔から気になっていた通訳案内士の試験を受けてみようと思い至った。

小学校に通いはじめたとはいえ、子どもはまだ手がかかる年ごろで、PTA活動もあったので、予備校には通わずに独学で学ぶことにした。地道に問題集を解いたり、図書館にこもったりして数年かけて準備し、二〇〇五年度に二度目の受験で合格した。合格者の多くが参加するNPO法人主催の新人研修を受けた際、最終日の面談で教官に勧められたのが、一般社団法人「国際交流サービス協会(IHCSA)」だった。

日本政府による国際交流活動をサポートする目的で一九七〇年に発足したＩＨＣＳＡは、来日する外国人に対する接遇サービスを一つの柱として実施している。その担い手である「タスクフォース」には、「通訳」と「エスコートガイド」の二つのカテゴリーがあり、二〇一五年現在、四四の言語の約千人が登録している。しばらく通訳学校に通っていた経験から、自分には、誰かの発言を一言一句訳すことよりも、自分の言葉でコミュニケーションを取ることの方が向いていると考えた村川さんは、送迎や随行が主な仕事であるエスコートガイドに興味を持った。問い合わせてみると、採用試験は需要に応じて不定期に行われており、運良く二〇〇六年の試験を受けることができた。

応募条件である通訳案内士の資格は持っていたので書類審査は通り、面接試験に進んだ。英語と日本語それぞれで面接があり、「オタクについて教えてくださいと言われたらどうしますか」「お寿司を食べたいと言われたらどこを案内しますか」といった具体的な質問も出た。経験不足を熱意で補うために、「なんでもやります」「泊りがけでも大丈夫です」と必死にアピールして、なんとか合格することができた。

登録後、最初に回ってきた仕事は、成田空港とホテルの間の送迎だった。エスコート対象者も一人という初心者向けの仕事だったが、「成田空港からの道のりではなにが見えるんだろう」「日本に来た人が最初に気になるものはなんだろう」と想像しながら、必死に準備をした。そのときは、大した会話はできなかったが、何度か送迎を繰り返すうちに、初来日の相手の場合は、チップの支払いや、水道水の安全性などについての情報提供をしたり、日本に慣れている人とは、季節による道路の混雑具合の違いについて雑談したりと、少しずつバリエーションを増やしていった。

初年度こそ、それほど仕事の依頼は多くなかったものの、ほかで仕事をしていない分、依頼を断ることが少なかったため、徐々に案件も増えていった。二年、三年と経験を積むうちに、団体のアテンドや、京都、広島など地方への出張案件も入るようになった。実家の母親を新潟から呼び寄せて、子どもたちの面倒をみてもらうことで、一週間ほど戻れない出張が入っても、なんとか対応できた。

とはいっても、対象者が会談する相手は、政府関係者や議員、あるいは経済界の重鎮といったケースが多いため、やはり都内の移動をサポートする仕事が圧倒的に多い。観光がメインの通訳ガイドならば、歴史や文化についての蓄積した情報量がものをいうが、IHCSAのエスコートの場合は、いかに時間を管理できるかが腕の見せ所だという。

「相手先も、国会議員とか、企業のトップとか、時間のない方ばかりですから、予定の時間に遅刻しない、というところに一番気を遣います。一方で、会食ならば、ホスト役より前にお客さんが着いてしまっては具合が悪い。私たちの仕事では、上手な時間調整の方法をいろいろ知っていることが重要です」

村川さんの「七つ道具」には、英語で書かれた東京都二三区の折り畳み地図や日本の年号と西暦の対照表、アルファベットの併記されたひらがなの一覧のほか、皇室カレンダーの切り抜きや江戸城の古い地図も含まれる。いずれも車中でのちょっとした雑談や、都内中心部で時間調整をしなければならないときに、便利だと気づいて持ち歩くようになったものだという。

日本ほど時間にうるさくない国から来ている人も多いため、約束に遅れないことを優先

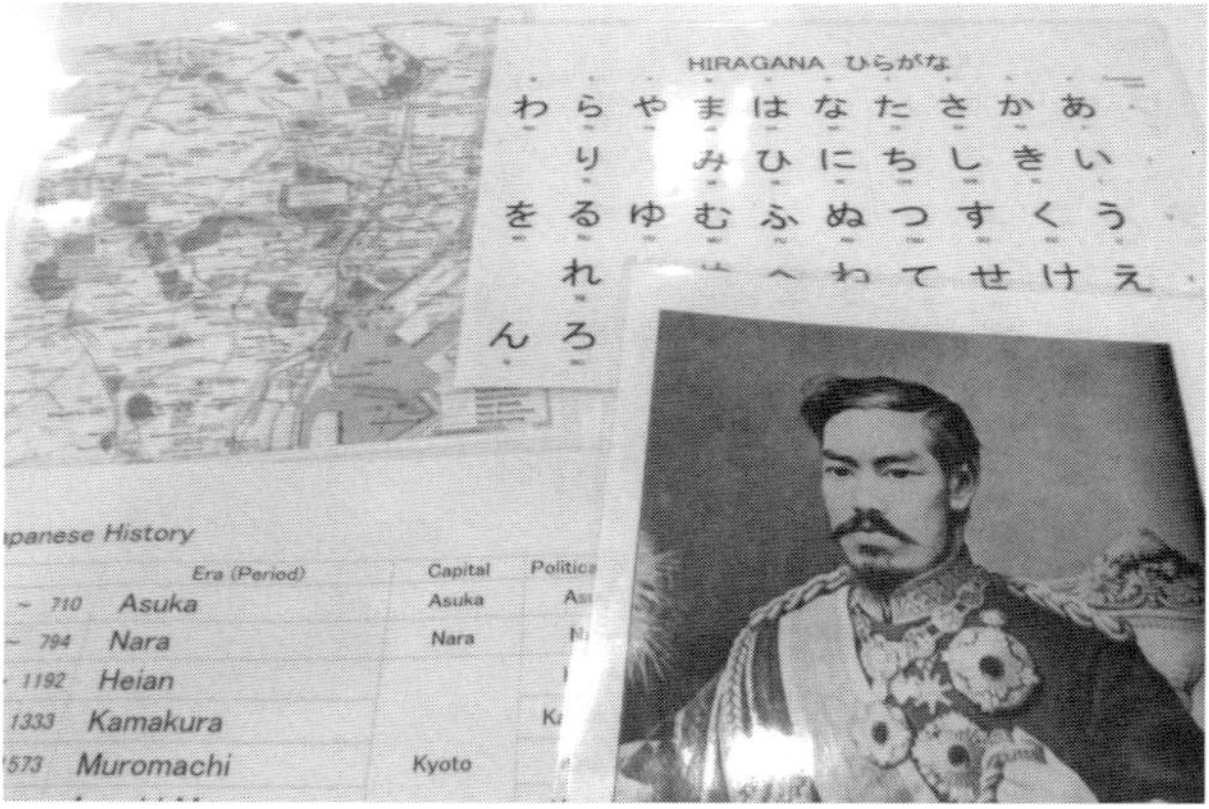

するあまり、急《せ》かしすぎて時間が余ると、それはそれで気分を害してしまうこともある。移動は基本的にハイヤーだが、予定時間の五分前という絶妙のタイミングで車を横付けするためには、運転手とのコミュニケーションをうまくとることと、都内の道路事情に詳しくなることが欠かせない。霞が関周辺の省庁間の移動で時間が余れば、銀座や大手町に車を回す。もう少し時間があれば、日本橋の日本銀行あたりを紹介するか、皇居を回るなど、季節や対象者の訪日歴によっても、行き先を変える。

　時間管理の面では、相手の行動パターンを早い段階で見極めることも大切だ。初日の待ち合わせこそ、余裕を持って時間を設定するが、時間通りに来る人であればその後は出発の五分前で大丈夫なところでも、常にギリギリか、少し遅れ気味に集合するタイプであれば、それに応じて待ち合わせ時間を早めに伝えておく必要がある。本来は時間に忠実な人でも、長いフライトで時差ボケになってしまい、意図せずに寝坊するケースもある。会話のなかで、相手の性格や疲労度合いを探りながら、どう転んでも重要な会議には間に合うようにうまく調整するのもエスコートの仕事のうちだという。

個人的にこだわっているのは、ちょっとした要望にいかに対処できるか。例えば、子どものお土産にポケモングッズを買って帰りたいとか、妻のために上品な扇子を探しているとか、公式な訪問であっても、個人的な用事を済ませたいゲストは少なくない。先進国から来る人ばかりではないので、高級品だけでなく、リーズナブルなお土産が買える場所もいくつかストックしている。浅草寺の仲見世あたりは定番だが、ときにはドン・キホーテのように、大量にちょっと気の利いた小物やお菓子を買える場所に連れていくこともある。

「過去には、「ガンダムのプラモデルがほしい」なんていうピンポイントのリクエストもありました。そのときは、ガンダム好きの息子に聞いて、秋葉原の家電量販店に案内したらすごく感動してくださいました」。息子と娘がそれぞれいることで、ふとしたときに子育ての話題で話が弾むこともあるという。

コミュニケーションの面で一般的な通訳ガイドと異なるのは、エスコートする相手が政府の高官だったり、著名な研究者だったりするため、カジュアルな英語では失礼に当たることだ。日常会話レベルの英語であれば苦にならない日本人は増えているものの、フォーマルな場での丁寧な表現となると、意識的な訓練が必要となる。村川さんの場合は、高校一年生のときにアメリカのミシガン州に留学し、大学も四年間ミシガン州立大学で学んだので、自然な英語を話すことはできる。だが、この仕事に就いてからは、あえて、英語の敬語表現を解説した本を読んだり、CDを聞いたりして、とっさのときにも適切な言葉遣いができるように練習したという。

エスコートする相手は、話題が豊富で好奇心が旺盛な人が多いため、日々の勉強も欠かせない。会議の通訳を担当することはないが、移動中のちょっとした雑談でも何がテーマになるか分からないため、ＢＢＣなどの海外ニュースは日常的にチェックするようにしている。また、東日本大震災直後のように、その国が日本に対してなにか支援をしてくれていたり、あるいはその国の人が日本で活躍していたりする場合は、事前に情報収集をしたうえで、話題にしてお礼を言うなどの心遣いも忘れないようにしている。

相手のことを知る、という意味では、宗教に対する基礎知識や理解も必要だ。観光の一部として、神社仏閣を訪問する機会も多く、そのことに対して難色を示す人もいる。

「自分の宗教を一生懸命守っていらっしゃる方もいるので、間違ってもそれを否定するような流れになってはいけないと思っています。もし、神社やお寺にお連れすることになっても、それは、改宗をさせようとか、こちらの考えを押し付けようとか、そういう意図ではなく、純粋に日本の文化に触れていただきたいと思ってのことであるとしっかり説明します。こちらの意図が通じて、敬虔《けいけん》なイスラム教徒の方が、お手水《ちょうず》のことを、「自分たちのお祈り前の儀式と一緒だ」と言って共感してくださったこともありました」

もし、エスコート業務に興味があって、まだ一度も海外で暮らしたことがないなら、

「どこかの段階で一度海外に住んでみることをお勧めします」と村川さん。そうすることで、日本人としてのアイデンティティーや、自分が知らなかった、海外から見た日本の姿を再発見できるからだという。自身も、一〇代のころのアメリカ留学体験で、戦争や原爆について、いかにアメリカ側の認識と日本で学ぶ歴史が違うかを痛感したことが、日本を知り、日本を紹介する仕事に就きたいと考えるきっかけになった。外から自分の国を見つめなおす経験をしてもらいたくて、息子と娘も一年間の高校留学に送り出した。

海外に住み、現地の人に、日本の文化や習わしを説明するということは、自分の中途半端な認識を改める、いいきっかけになるという。日本のことをあまり知らない人にも分かるように説明するという行為を通じて、日本という国や、日本の文化を見つめなおすことにもつながると感じている。

いまの仕事に関していえば、案件によっては観光ガイド的な役割を求められることも少なくないので、海外の旅番組を見たり、旅行雑誌を読んだりして、日本の観光地や文化を英語でどう表現するとより伝わるのか、言葉を蓄える努力も怠らないようにしている。そのために村川さんは、近くの図書館をフル活用しているという。

「自分でガイドブックを買っても、すぐに情報が古くなってしまいますが、図書館には常に最新のものが取り揃えてあります。国内出張の折などは、借りてもっていくこともできます」

単にお土産どころやレストランの情報を収集するためだけではなく、観光名所の地図や、お寺の境内などの案内図を見ながら、「ここで説明を入れよう」などとシミュレーションしておくと、当日スムーズな案内ができるそうだ。

自分としては日々課題とやりがいを持って続けている仕事だが、一方で、この仕事一本で食べていくのは簡単ではないとも感じている。それぞれに多忙な関係者の日程を調整する都合上、仕事の依頼が来るのは来日直前ということも多い。また、予定を空けて待っていても、東日本大震災のように、日本の事情でキャンセルになることもあれば、対象者の国で内乱があったり、火山が噴火したりという理由で、渡航が中止されたり延期されたりすることもある。

村川さん自身は、夫が会社員で、家族を一人で支えなければならないわけではないので続けていられるが、「翻訳の仕事も並行してやるとか、ほかの通訳の仕事も受けるとか、工夫が必要かもしれません」と忠告する。

また、案件によっては時間が非常に不規則であることも、この仕事の特徴だ。朝いちばんの便で来日するゲストを迎えに、前日から空港近くのホテルに泊まって待機したり、夕食会を終えたゲストをホテルまで送ったりしていると、一日の拘束時間が一二時間を超えてしまうこともあるという。

「保育園や幼稚園の迎えの時間に間に合わせるのは大変なので、周囲の協力がどれだけ得られるかがカギを握ります。一方、助けを借りてでもしばらく働き続けて、仕事ぶりが認められれば、子どもの受験など、家庭の事情についても配慮していただける余地がある。一般企業よりも働きやすい面もあります」

自分自身の経験から、必ずしも一直線にこの業界を目指さなくても、身につけた経験や知識は、無駄にならないと実感している。例えば、米国留学から帰国して日本文化に目覚め、茶道を習っていたおかげで、その後、外国人を連れて茶道イベントに参加した際などにも慌てずに済んだ。大学では、社会科学系の学部で、人類学や、政治、経済を幅広く学んだことで、どんなことにでも好奇心を持って学べる素養が身についた。また、新卒で入社した会社で、総合職として、営業企画や海外の事業展開の仕事に携わった経験は、日本企業の文化や、今後の日本経済についての意見を聞かれたときに、大いに生かされているという。

「振り返ってみると、これまで子育てに追われたり、何年も働くことから遠ざかっていたりして、回り道をしたと感じていたことも、結果的には仕事の役に立っている」と村川さん。息の長い先輩たちを手本に、会社勤めの人たちが定年を迎える年を過ぎても、この仕事を続けていきたいと願っている。

ボランティア通訳▼▼▼

「学んだのは文化に対する柔軟性」

Interpreter ● *Ryo Nakano*

英語とポルトガル語でスポーツ大会をサポート

中野《なかの》崚《りょう》さん

二〇二〇年の東京オリンピック・パラリンピック競技大会開催を受け、この機会にボランティア通訳としてデビューしたいと思っている人は、老若男女問わず多いだろう。そんな需要を見越し、まずは大学生のパワーを活用しようという取り組みが、全国の外国語大学を中心に広がっている。

二〇一四年六月には、全国の七外語大(関西外国語大学、神田外語大学、京都外国語大学、神戸市外国語大学、東京外国語大学、長崎外国語大学、名古屋外国語大学)が、グローバルな人材育成を目指して「全国外大連合憲章」を締結。その後、「全国外大連携プログラム」と題して、ボランティア通訳の育成事業などを展開している。

中野峻さんは、この取り組みの幹事大学を務める神田外語大学(千葉県)で、ポルトガル語を専攻。四年間の在学中、スポーツイベントを中心に、毎年数件の国際大会で、ボランティアとして英語とポルトガル語の通訳として活躍した実績を持つ。

千葉市出身で、海外との接点も特にない家庭に育った中野さんが外語大に進学したのは、幼いころに耳にしたポルトガルの伝統音楽「ファド」がきっかけだったという。中学校時代にふと思い出して、何度もCDを聴くうちにその独特の音色に魅せられ、いつしか自分もファドをやりたいと考えるようになった。ファドで使われるポルトガルギターを学ぶために、ポルトガル留学を志したことから、ポルトガル語が学べる大学として、家からも通える神田外語大学を選んだ。

「偏差値五〇くらいの県立高校の普通科でしたから、特別な英語教育は受けていませんでした。受験勉強では、相当英語に絞って勉強しました」

意識して取り組んだのは、洋書の黙読と音読。分からない単語も極力調べずに、文脈を頼りに読み進めるよう努めた。どうしても分からなければ、切りのいいところまで読んでから、辞書を調べて意味を理解し、同時に新しい単語を覚える作業を繰り返した。

また、単語帳の速読と暗記を、日課として自分に課した。まず、レベルにあった単語帳を一冊購入し、発音を意識しながら三回ほど、英単語と日本語の意味を交互に読み上げる。

その後、英単語とその日本語訳を交互に発音したり、目だけで素早く意味を読んで暗記したりという作業を、朝起きた時と夜寝る前に毎日繰り返し、単語帳を丸三冊暗記した。息抜きの時間も有効活用しようと、洋画のＤＶＤを見て、英語の音声に合わせてセリフを声に出したり、字幕を消して英語だけで見たりと、自分なりに工夫を凝らした。

努力が実って無事に現役で合格。入学後は大学が提供している様々な語学サービスを活用して、英語力を磨いた。特に役に立ったのが、語学の自主学習拠点「ＳＡＬＣ(Self-Access Learning Center)」。原則的に日本語を使えない環境のなか、学生スタッフとして英語で運営にかかわったことで、「クラスで発言すると笑われるレベル」だった英語力も、コミュニケーションに支障がない程度に上達した。また、学内の「ＭＵＬＣ(Multilingual Communication Center)」と呼ばれる施設には、異なる言語ごとにブースがあり、ポルトガル語のエリアでは、ネイティブのブラジル人が話し相手になってくれた。大学に入って一から学び始めたポルトガル語だったが、授業以外にも練習の機会を持つことで、徐々に話せるようになった。

語学漬けの日々を送ってはいたものの、通訳の機会が訪れたのは、全くの偶然だった。一年生の秋、所属していたバドミントンサークルに、アジアのユース年代の選手を集めたバドミントンの選手権大会での場内補助ボランティアの話が舞い込んだ。募集していたのは英語のボランティアだったが、中学、高校で打ち込んだバドミントンについてなら、言葉が違っても内容は分かるはずと考えた。ちょうど夏休みに六週間、アメリカに短期留学した後だったことも後押しとなり、思い切って手を挙げた。

会場は大学のある千葉市内の千葉ポートアリーナ。県内に宿泊している各国選手の送迎や、会場内でのお世話をする仕事で、インド、マレーシア、インドネシアの選手団を担当した。「朝ホテルに迎えに行って、一緒にバスで移動して、場内で選手の誘導をして。そのほかにも、本部の指示でＩＤの確認をしたり、国旗を立てたり、看板を並べたりと、本当に「なんでも屋さん」でした」

むしろ困ったのは、会場外でのトラブル対応。ホテルのロビーで練習を始めた選手たちに、ホテルから苦情が出たので注意したら、いったんは止めたものの、すぐにホテルのエントランスの張り出した屋根の上で、練習し出した。さらに注意すると、今度はホテルの向かいのレストランの駐車場へと場所を変えてしつこくバドミントンをし続ける選手たちを、あきれながら追い回したこともあった。ホテルに備え付けのたばこの吸い殻入れに、カップラーメンの食べ残しが捨ててあったときは、垂れ下がった麵を代わりに片づけた。ホテルで休んでいるはずの選手が勝手に外を出歩いてしまい、夜中に電話で呼び出されて探し回ったこともあった。

コミュニケーションの面でもカルチャーショックを受けた。インド英語の独特の抑揚がつかめず、何を言っているのかさっぱり分からなかったことや、英語、マレー語、中国語を織り交ぜて話すマレーシア人の会話についていけなかったこともあった。それでも、徐々に耳が慣れ、自分の発音を相手のなまりに合わせるように工夫したところ、二週間ほどのボランティア期間が終わるころには、スムーズな会話ができるようになり、手ごたえを感じたという。

「はじめて大学の外で外国語を使って仕事をして、かつハードな現場を経験したことで、単純に自信がつきました。ボランティアを経験した後は、授業で先生が話す英語が、赤ちゃんに話しかけているのかと思うくらいゆっくり聞こえるようになって、中身もしっかり聞き取れるようになった。なによりも、ボランティアが終わった後の充実感がたまらなくて、病みつきになりました」

この経験がきっかけとなり、二年生になってからは、大学が主催する国際スポーツイベントのためのボランティア通訳育成プラグラムにも参加するようになった。週一回、九〇分間の講座では、スポーツビジネスやスポーツ文化、ホスピタリティなどのテーマごとに、大学内外の講師の授業を受けた。これらの講座を通じて、通訳の技術についても、一通り学ぶことができた。

このプログラムでは、受講生に対して実習として、ボランティア通訳の機会を提供しており、大学に依頼が入ると、受講生に情報が伝えられ、希望するボランティアに応募できる仕組みになっていた。中野さんも二年生の夏休みに、サッカーのU‐20女子ワールドカップで、場内補助と、記者対応を経験した。秋には世界ジュニアバドミントン選手権大会

でも場内補助とチームホストを務め、さらに一二月にははじめてポルトガル語での通訳の機会も得た。
「サッカーのクラブワールドカップ決勝で、ブラジルのコリンチャンス対イングランドのチェルシーの試合を担当しました。トップ選手が集まる大きな大会だけに、スタジアムは超満員で、プロの通訳者の方も大勢いたんですが、欠員が出たようで、ポンと直前に声がかかったんです」
ブラジルのコアなサッカーファンが詰めかけるなか、はじめに担当したチケットブースは、「車を売って遠征費を捻出した」という人もいるほどの熱気で、大混乱状態だった。試合が始まると、今度は観客席でのトラブル処理に追われた。ブラジル人の観客から、「自分の席に、ほかの客が座っているじゃないか！」とか、「なんで、イングランド側の席になっているんだ！」などとネイティブのポルトガル語でまくしたてられ、最初は何を言っているのか分からず苦労した。

「大学の先生が使う表現とは全然違う言い方をするので、そこが分からなくて返事ができないことが結構ありました。何度も聞き返して、なんとか状況を整理する感じで。でも、後半はちょっと勢いがついてきて、この一日で通訳をしながら成長できました」

三年次には、念願のポルトガル留学を果たし、さらにポルトガル語に磨きをかけた。コインブラという地方都市で、地元の大学の音楽科で学びながら、プロのファド演奏者たちから、直接ギターを学ぶ機会にも恵まれた。また、ファドがユネスコの無形文化遺産に登録されたこともあり、日本人観光客がコンサートを聴きに来た折には、ファドの説明をしたり、質疑応答の通訳をしたりという機会もあったという。

一年間の留学で上達したポルトガル語を生かして、帰国後の二〇一四年にはフェンシングのワールドカップでブラジルチームの通訳をしたり、世界サンボ選手権大会でアンゴラ人選手の通訳をしたりと、ポルトガル語での通訳機会が増えた。一方で、なじみがない競技に関しては、これまで以上に事前準備が必要となり、工夫を凝らしたという。

「フェンシングに関しては、一緒に大学から参加したボランティアの一人がフェンシング経験者だったので、ルールを教えてもらいました。運のいいことに、その人は日系ブラジル人でポルトガル語も話せたので、専門用語もポルトガル語バージョンで教えてもらうことができました」

このほか、自分でもユーチューブで試合の映像を見ながら出てきた用語をインターネットで調べて、ポルトガル語、英語、日本語の比較表を作った。資料はファイルでまとめるだけではなく、ｐＤＦで送られてきたものはパソコンや手持ちのデバイスにダウンロードして持ち歩くようにした。実際の現場では、サポートに入っていた体育大学のフェンシング部の人にも質問をして、審判が使うフランス語なども教えてもらったという。

サンボ選手権大会の通訳をしたときには、文化の橋渡しも経験した。サンボの練習には、柔道場が使われることが多かったが、アンゴラの選手たちははじめ、なぜ靴を脱がなければならないのか分からず、不満を訴えてきたという。単に「ダメだ」と言っても、相手は納得しない。そこで、日本の文化や、柔道という競技における礼儀作法について説明を加えると、選手たちも理解を示し、最後は脱いだ靴をそろえてくれるまでになった。

四年生になると、通訳として求められる仕事のレベルも上がった。例えば二〇一五年に担当した七人制ラグビーのワールドシリーズでは、アメリカ代表チーム付きの通訳として、練習から休日の小旅行まで、べったりと帯同した。

「ほかの大会は、自分の上に誰かがいて、指示を出される立場だったんですが、このときは全部任せてもらえた。監督につきっきりで、練習会場の確保からバスの配車まで、旅行会社の人とも連携して、幅広い仕事を経験することができました」

過去の経験から、通訳の現場で必要となる情報も分かっていたので、このときは、事前にラグビー部の知り合いから、アメリカのラグビー事情や強い選手、現在のチームのコンディションなどの情報を収集し、インターネットで実況付きの試合映像を探して、繰り返し見た。提供された選手の写真もダウンロードして、初対面でも顔と名前が一致するように念入りに準備した。大会期間中は、チームのためを第一に考え、時には必要な経費について、運営サイドと折衝《せっしょう》することもあった。試合当日、アメリカチームのユニフォームを着て、監督や選手たちと一緒に入場し、チームの一員としてベンチで試合を見守ったのは忘れられない思い出だ。

ボランティアとはいえ、任される仕事の内容は大会、競技ごとに異なる。ラグビーの場合のように、単なる通訳の範疇《はんちゅう》を超えて様々な仕事を任されることも少なくない。これまで担当してきた国際大会では、業務内容に応じて、一定の手当てが支給されることが多く、一日数千円から、時には一万円以上の場合もあった。プロの通訳者の報酬はその数倍だが、「自分たちは専門的に通訳を学んでいるわけではない」という自覚は常にあったという。それでも、相手はボランティアかそうでないかを認識して接してくるわけではない。その意味で、難しい注文にも「ボランティアだからできない」と逃げることなく、相手が求めるものを察知して行動する習慣が身についた。

「大学に入るまでは、バドミントンしかできなかった自分が、語学を学んだことで、スポーツの通訳ができるようになった。能力を掛け算することで、自分だけの領域ができあがったことが、大学時代に得た一番の財産」と振り返る。

卒業後は都内のＩＴ企業に就職する。ボランティア通訳で学んだ「能力の掛け算」の力を、今度は「語学力×ＩＴ」の組み合わせで試してみたいと思ったからだ。大学生のころのように、自由な時間は作れないかもしれないが、職場の理解が得られれば、二〇一九年のラグビーワールドカップ、そして二〇二〇年の東京オリンピックに、ボランティア通訳として参加したいと考えている。全国外大連合が二〇一五年に立ち上げた「通訳ボランティア人材バンク」に登録しているため、社会人になってからもボランティア通訳に関する情報に目を通し、機会を模索《もさく》していくつもりだ。

これからボランティア通訳を目指す人には、「できるだけ目立たないこと」とアドバイスを送る。自分自身のバドミントン選手としての経験から、試合前にやたらと声をかけたり、写真撮影をねだられたりすることは、試合の進行や選手のパフォーマンスに悪影響を及ぼしかねないと感じるからだ。

「周りを見ていると、自分が目立とうとする人が少なくないように感じます。でも、ボランティア通訳に求められているのは、目立たずに、かつ自分の担当するチームや選手に最大限の利益をもたらすこと。必要とされているときにちょっと役に立てて、気づくと選手が欲しい物がちゃんと準備されている。それくらいで十分なのかなって、ぼくは思います」

おわりに

この本を書くことは、私にとって一つの冒険でした。通訳者になりたい、あるいは通訳という仕事に興味がある、という人は増えている実感があったものの、三〇代後半に異業種から転職した私になにが書けるのか、大学で通訳を教えているからといって、それだけで私に通訳についての本を書く資格があるのか、自問自答が続きました。

私自身は幸いにも、最初に門をたたいた通訳学校「サイマル・アカデミー」で、日本の通訳業界を長年リードし続けてきた小松達也《こまつたつや》先生の直接指導を受けることができ、一年という促成栽培でプロ通訳者になりました。業界大手の「サイマル・インターナショナル」の専属通訳者として、初日から同時通訳ブースに入れていただける、恵まれた環境で育ちました。デビュー後、比較的早い段階から大きな国際会議も経験させていただきましたが、この世界は数年で十分な実力がつくほど、甘くはありません。出版のご縁はいただいたものの、いまの自分に何が書けるのだろうかと、しばらく悶々としていました。

悩んでばかりいても仕方がないので、いったん原点に立ち戻って考えてみることにしました。通訳者になる前、私は新聞記者をしていました。人に話を聞き、それをより多くの人に分かりやすく伝える。そんな仕事を一四年間続けてきました。ならば、通訳業界で活躍する素晴らしい先輩や仲間たちに話を聞いて、それを伝えよう。短いとはいえ、実際に通訳者として働いてきた経験も、その形でなら生かせるのではないか、そう思い立ちました。

この本で紹介した一〇人は、私がどうしてもお会いしたくて口説き落とした、素晴らしい実績の持ち主ばかりです。私自身は英語の通訳者ですが、本では英語だけでなく、中国語、スペイン語、ポルトガル語、セルビア語といった多様な言語を取り上げました。帰国子女もいれば、大人になるまでほとんど海外経験のなかった人もいる。年齢も二〇代前半の若者から六〇代のベテランまでさまざまで、圧倒的に女性が多い業界において、貴重な男性通訳者も登場します。

十人十色のライフストーリーをお話しいただくなかで、最もこだわったのは、なぜ、通訳という仕事を選び、どのようにしていまに至ったのか、その理由と経緯をしっかりお聞きし、原稿に盛り込むことでした。私の教える国際基督教大学には、語学に堪能で、楽しみながら通訳を学んでいるたくさんの学生がいます。ただ、どんなに成績が優秀でも、卒業後すぐに通訳者の道を学ぼうとする学生はまれです。その理由は人それぞれですが、どうやって仕事を見つけ、どのようにして生計を立てていったらいいのか、具体的な情報が少ないからというのも一因だと考えました。私の学生たちだけではなく、通訳という仕事に関心のある全国の若者にとって、この本が道しるべとなれば幸いです。

今回は一〇のジャンルを取り上げましたが、これだけで、すべての通訳のタイプを網羅《もうら》できているわけではありません。むしろ、会議通訳とビジネス通訳、エスコート通訳と通訳ガイドのように、境界線があいまいなものも含まれています。ほとんどの場合、通訳者は「自分は〇〇通訳です」と活動分野を限定せずに、請《う》け負う仕事に応じて、一人でいろんな役割をこなしています。呼称はあくまでもみなさんがイメージしやすいように付けたものであり、固定的なものではないとご理解ください。

この本の執筆にあたっては、大勢の方のご尽力を得ました。快くインタビューを受けてくださった一〇人の方々はもちろんのこと、間に立って、候補者を探したり、推薦したりしてくださった、多くの先輩や仲間がいました。インタビューには国際基督教大学の教え子たちも同行し、学生ならではの質問をしたり、録音テープを書き起こしたりと、協力してくれました。岩波ジュニア新書の山本慎一編集長には、構想段階から相談に乗っていただき、適切なアドバイスをいただきました。お世話になったすべての方々に、この場を借りてお礼を申し上げたいと思います。

最後に、読者のみなさん。この本を手に取っていただき、本当にありがとうございました。この出あいが、皆さんの夢を実現するための後押しとなることを、切に祈っています。

いつか、現場でお会いしましょう!

二〇一六年三月

松下佳世

松下佳世
国際基督教大学教養学部准教授。日本通訳翻訳学会関東支部委員。上智大学文学部新聞学科卒、米国コロンビア大学ジャーナリズム大学院修士課程修了、立教大学大学院異文化コミュニケーション研究科博士後期課程修了(PhD)。朝日新聞社で記者として14年間働き、ニューヨーク特派員などを務めたのち、サイマル・インターナショナルの専属通訳者に。2014年から現職。専門は通訳翻訳研究とメディア研究。学生を指導する傍ら、サイマル・アカデミーのインターネット講座でプロを目指す通訳者の育成にもあたっている。

通訳になりたい！
——ゼロからめざせる10の道　　岩波ジュニア新書 830

2016年4月20日　第1刷発行

著　者　松下佳世《まつしたかよ》

発行者　岡本　厚

発行所　株式会社 岩波書店
〒101-8002 東京都千代田区一ツ橋 2-5-5
案内 03-5210-4000　販売部 03-5210-4111
ジュニア新書編集部 03-5210-4065
http://www.iwanami.co.jp/

組版　シーズ・プランニング
印刷・三陽社　カバー・精興社　製本・中永製本

ISBN 978-4-00-500830-8　　Printed in Japan

岩波ジュニア新書の発足に際して

きみたち若い世代は人生の出発点に立っています。きみたちの未来は大きな可能性に満ち、陽春の日のようにひかり輝いています。勉学に体力づくりに、明るくはつらつとした日々を送っていることでしょう。

しかしながら、現代の社会は、また、さまざまな矛盾をはらんでいます。営々として築かれた人類の歴史のなかで、幾千億の先達《せんだつ》たちの英知と努力によって、未知が究明され、人類の進歩がもたらされ、大きく文化として蓄積されてきました。にもかかわらず現代は、核戦争による人類絶滅の危機、貧富の差をはじめとするさまざまな人間的不平等、社会と科学の発展が一方においてもたらした環境の破壊、エネルギーや食糧問題の不安等々、来るべき二十一世紀を前にして、解決を迫られているたくさんの大きな課題がひしめいています。現実の世界はきわめて厳しく、人類の平和と発展のためには、きみたちの新しい英知と真摯《しんし》な努力が切実に必要とされています。

きみたちの前途には、こうした人類の明日の運命が託されています。ですから、たとえば現在の学校で生じているささいな「学力」の差、あるいは家庭環境などによる条件の違いにとらわれて、自分の将来を見限ったりはしないでほしいと思います。個々人の能力とか才能は、いつどこで開花するか計り知れないものがありますし、努力と鍛練の積み重ねの上にこそ切り開かれるものですから、簡単に可能性を放棄したり、容易に「現実」と妥協したりすることのないようにと願っています。

わたしたちは、これから人生を歩むきみたちが、生きることのほんとうの意味を問い、大きく明日をひらくことを心から期待して、ここに新たに岩波ジュニア新書を創刊します。現実に立ち向かうために必要とする知性、豊かな感性と想像力を、きみたちが自らのなかに育てるのに役立ててもらえるよう、すぐれた執筆者による適切な話題を、豊富な写真や挿絵とともに書き下ろしで提供します。若い世代の良き話し相手として、このシリーズを注目してください。わたしたちもまた、きみたちの明日に刮目《かつもく》しています。(一九七九年六月)